如何阅读阿奎那
How to Read Aquinas

蒂莫西·麦克德莫特(Timothy McDermott) 著
黄瑞成 译

重庆大学出版社

项目资助

重庆市研究生教育教学改革研究重大项目

“‘双一流’背景下‘古典语文学’课程体系建设与实践

——以重庆大学为例”（yjg181001）

目 录

丛书编者寄语

我如何阅读
“如何阅读”丛书？

本丛书基于一个非常简单却又新颖的创意。初学者进入伟大思想家和著作家的大多数指南，所提供的要么是其生平传略，要么是其主要著作概要，甚或两者兼具。与之相反，“如何阅读”丛书则在某位专家指导下，让读者直接面对伟大思想家和著作家的著述。其出发点是：为了接近某位著作家的著述之究竟，您必须接近他们实际使用的话语，并学会如何读懂这些话语。

本丛书中的每本书，某种程度上都堪称一个经典阅读的大师班。每位作者都择录十则左右著作家原作，详加考察以揭示其核心理念，从而开启通向思想世界之整体的大门。有时候，这些择录按年代顺序编排，以便了解思想家与时俱进的思想演变，有时候则不如此安排。丛书不仅是某位思想家最著名文段的汇编、“精华录”，还提供了一系列线索或关键，能够使读者进而举一反三有自己的发现。除文本和解读，每本书还提供了一个简明生平年表和进阶阅读建议，以及网络资源等内容。“如何阅读”丛书并不声称，会告诉您关于这些思想家，如弗洛伊德、尼采和达尔文，甚或莎士比亚和萨德，您所需要知道的一切，但它们的确为进一步探索提供了最好的出发点。 p.vii

本丛书与坊间可见的这些思想家著作的二手改编本不同，正是这些人塑造了我们的智识、文化、宗教、政治和科学景观，“如何阅读”丛书提供了一套耳目一新的与这些思想家的会面。我们希望本丛书将不断给予指导、引发兴趣、激发胆量、鼓舞勇气和带来乐趣。

西蒙·克里切利（Simon Critchley）
于纽约社会研究新学院

致谢

我要特别感谢我的编辑尚德（Bella Shand）为这本书付出的辛劳。我以这本书，充满爱意，向克劳福德（F. R. J. Crawford）表达我的歉意。

导言

p.1 托马斯·阿奎那（Thomas Aquinas 1225-74）是中世纪西方最伟大的哲学家和神学家。他与我们相隔八百年社会经济巨变，这些岁月见证了对宗教和科学地位的彻底重估。然而，他的神学和哲学洞见至今依旧价值卓著，甚至对我们当中最世俗的头脑也是如此。他生活在一个总是质疑一切的时代：那个时代的思想家的大胆和创新，就像大教堂的建造者一样，而阿奎那是他们中最强大和最有创造性的质疑者。

阿奎那将古希腊哲人亚里士多德（Aristotle 384-22 BCE）引为其模范，后者写道："我们都倾向于质疑我们对手的观点而非当前的事情，甚至当我们自我质问时，也只会将探究推向我们无法再提出反对意见的地步。但是，好的探究者会提出主题所要求的种种反对意见，熟悉主题的所有方面。"阿奎那是好的探究者，他质问是为了其答案，以便理解世界——质问自然世界和生物，质问我们如何感觉和理解，质问幸福和如何过好人生，质问人类社会的结构，质问上帝是否存在和宗教的本质，还质问基督教的种种主张。

中世纪，传统上被看成是一个无理性的黑暗时期，介于 p.2
古希腊罗马的古典文明与现代科学启蒙的开端之间，但实际上它是西欧智识觉醒的伟大时期之一。阿奎那是一位意大利封爵的小儿子，在卡西诺山（Monte Cassino）本笃会（Benedictine）修院发蒙，随后在那不勒斯（Naples）新建立的世俗大学中受教。在这里，他见识了亚里士多德的科学和哲学著作，这些著作首次由希腊语文本和伊斯兰教保存的阿拉伯译本翻译成拉丁语。阿奎那从亚里士多德那里获知，早期希腊科学将世界描绘为处在不断加强的运动中的简单的物质原子，直至亚里士多德嫡系先驱苏格拉底（Socrates 470-399 BCE）和柏拉图（Plato 428-348 BCE），他们开始对人类追求真理和德性的倾向提出质问。柏拉图认为，这种不变的“理念”（ideas）或“形式”（forms）从属于一个永恒的精神世界，后者依稀反映在这个物质世界中，而且只有不死的人类灵魂可以通达：灵魂来自精神世界，在这个物质世界中短暂停留，死后复归于永恒。他的弟子亚里士多德，一位医生的儿子和生物学家，着手将质料和形式两重世界结合为单一的自然世界，人类就从属于这个世界，身体和灵魂也从属于这个世界。希腊文明继之以罗马帝国，罗马帝国早期接纳了基督教，后者发现柏拉图的灵魂观比亚里士多德的灵魂观更有吸引力。当西罗马帝国陷入异教蛮族之手时，正是一位柏拉图主义者奥古斯丁（St Augustine AD 350-430），当时最伟大的拉丁语神学著作家，他重整教会，激发传教士使异教徒皈依，从而为西方基督教的千年思考方式奠定了基础。

p.3 在希腊东部，对亚里士多德的记忆更长久，当伊斯兰教征服这些地域后，对柏拉图和亚里士多德的研究以阿拉伯语进行。在穆斯林的西班牙，阿奎那之前的世纪里，伊本·鲁西德（阿威罗伊）（Ibn Roschd/Averroes 1126-1198）写下了著名的亚里士多德阿拉伯评注，不久，在西班牙和西西里，亚里士多德和阿威罗伊被翻译为拉丁语。阿奎那起初读到这些著作是在那不勒斯，更为深入的学习，则是在他成为多明我会（Dominican）修士之后，在科隆（Cologne）从学于一位亚里士多德学者大阿尔伯特（Albert the Great）。当他奉召到巴黎大学教书后，亲历了不断激化的柏拉图主义–亚里士多德主义斗争，尤其在他三十岁获授神学教席后。奥古斯丁神学派系攻击亚里士多德主义新说，后者倡导世界的永恒和非受造，倡导自主的人类知识基于观察和逻辑推理，而非来自上帝的内在光照，倡导道德框架基于社会德性训练和以追求幸福为目的，而非来源于“十诫”（the Ten Commandments），还倡导某种对灵魂不死的怀疑。在阿奎那获授神学教席当年，文学院公开支持亚里士多德，这使得神学家阿奎那发现自己正站在这些哲学家一边来反对自己学院的同侪。

有人将阿奎那短暂一生中的所作所为，描述为对柏拉图主义和亚里士多德主义的调和。我认为还要激进得多。阿奎那从未抛弃他对柏拉图主义的批判，也从未放弃其亚里士多德主义立场，相反，他发现，相较于柏拉图对灵魂超越此世的强调，在亚里士多德对此世的个体生存和作为的强调中，有一种更强有力的对上帝的暗示。在阿奎那看来，自然并非超自然的副手：上帝其实并非超越于自然，而是自然事物的来源、作者和目的。因此，阿奎那相信，人类理性有其出于 p.4
自然的自主性，由上帝赐予，并受神圣启示看重；世俗的自然哲学与神圣的启示神学必须合作以建构真理，其目的是和谐而非不和。

毫不夸张地说，正是阿奎那的观点重新规定了神圣与世俗的关系，并且帮助改变了西方社会的历史。奥古斯丁主义和柏拉图传统，持续强调上帝对灵魂的直接照亮和对肉体倾向的扰乱，但甚至在教会内部这一传统至今也不乏对手。在教会之外，世俗理性则开始大展拳脚。阿奎那去世400年后，与牛顿（Newton）力学一道诞生了现代科学，复兴了早期希腊原子论哲学。争辩转向另一方向，则是当哲人笛卡尔（Descartes）接受了一种纯粹的机械论身体观念，复兴了柏拉图将心灵作为纯粹精神的观点——哲学家赖尔（Gilbert Ryle）将其描述为“机械中的幽灵”（ghost in the machine）。三百年后，达尔文（Darwin）既挑战笛卡尔的心灵外在于物质的观点，也挑战圣经关于物质世界的观点。

两种立场至今仍在冲突，伴随着宗教与科学的对峙达到惊人程度。世俗心灵在大爆炸宇宙论和进化论生物学中，已然发现了理解物质进化和宇宙结构的关键，人类此前从未拥有过这样的理解。宗教机构，其遭到拒斥的神圣文献，以暴怒予以回应。越来越激进的基要主义和威权主义吁求一个明显拒斥理性的上帝，反过来激怒甚至向温和的科学观点提出了警示。阿奎那肯定早就明了，同样的斗争存在于世俗与神
p.5 圣之间，存在于理性与启示之间，也存在于物质原子论与柏拉图的真实性之间，他也卷入其中。阿奎那的亚里士多德主义，也许正是我们需要用来解决这一当代争议的令人耳目一新的观点。

在其二十五年著述生涯中，阿奎那写下了八百万言：两百万言圣经评注，一百万言亚里士多德评注，其余分为其大学讲课稿和大量供学生使用的神学纲要。这些著作中最大部头的读来如互联网百科全书。阿奎那撰写的单篇文章就像网页，每一篇有其主题，关联并可与其他页面对照参考。由这数千页面，我们择录九段以发明：阿奎那如何思考物质世界，人类理性如何能够容纳上帝，个体和社会如何可以说在某种意义上扮演了上帝，这在人类历史中导致了什么问题，追随耶稣基督如何能够带来新光明和新希望。

在翻译这些段落时，我也努力忠实于阿奎那的拉丁语，但我会毫不犹豫地将阿奎那的术语和形象描述转换为我自己的。法国哲学家柏格森（Bergson），1911 年在博洛尼亚（Bologna）的哲学史家聚会上发表了演说，他明白，当一个

思想家的主题相互之间和与同代人的主题之间相互作用时，这个思想家的主题背后就有着驱动思想的根本图像和观念。“而且，有时候，与其说是一幅图像，不如说是一股或一阵微风、一场小尘暴，要揭示其本身的形状，只用将其时代的意见灰尘和碎片扫向空中。”要理解阿奎那，我们必须认出那阵小旋风，让它吹向我们时代的尘埃，从而让我们能够重新分辨其活动的形状。

形 式

p.7 **论题**：心（mind）由以认识（knows）事物的现象（appearances），是否来自事物本身。

质疑（It doesn't seem so）：

1. 因为，奥古斯丁说，*身体（bodies）不会在我们的精神（spirit）中构成图像（images），而我们的精神本身会以惊人的速度这么做*，[1]**但是**，如果精神是由外在事物获得图像的，它就不会形成图像，**所以**，精神由以认识事物的现象，并非出自事物本身。

2. 此外，只有给予一个身体其空间维度的创造者，才能从中抽取出空间维度，**但是**，心由事物中得出任何内容，都必定有从其中抽取出的

① 原文斜体词句，中译使用斜体，下同。——译注

空间维度［因为，它占据外部而非内部空间，尤其在理解（understanding）中不占据空间］，所以，心不能由我们感知的任何事物中获得现象。

反论（However）：这似乎与哲人们的任何教诲相抵触，也就是说，我们的理解出自我们的想象，我们的想象出自我们的感觉（senses），而我们的感觉出自我们感觉到的事物。

答辩（My reply）：人心由事物中获得肖像（likeness），它靠肖像认识事物，方式是：受作用的任何事物，任何受动者（patient），都由对 p.8
其发挥作用的施动者（agent）"获得"某种内容。它所获得的内容，并非施动者的某种物质要素，而是施动者在受动者上产生的肖像，通过将受动者已有的某种潜能现实化。譬如，这就是我们的看（seeing）在某个有颜色的物体的颜色中获得内容的方式。

尽管如此，有不同类型的施动者和受动者。有些施动者（a）有足够的力量自行产生形式（火本身足以加热事物），但有些施动者（b）无其他施动者帮助就无法如此（热只有作为主要施动者的根据才能发挥培养作用——动物的营养能量）。同样，有些受动者（c）完全不配合其施动者（譬如，石头投向前，或木头做成长凳），而其他受动者（d）则配合其施动者（石头坠落，还有人体服用药物）。

所以，这给予我们三种方式，将外在事物与心的不同潜能关联起来：

一、外在事物与我们的外在感觉关联，是作为（a）自足的施动者作用于（c）接受而非配合的受动者。（颜色需要光帮助作用于我们的视力，并未使我们的这种说法失效，因为，光和颜色都算外在事物，尽管外在感觉，一旦形成，就会发挥特殊作用，以分辨它们自己的特殊对象，构型以被动方式从无主动配合的事物中获得。）

二、外在事物也与我们的想象力关联，是作为（a）自足的施动者（因为，所感觉到的事物的作用，不会止于我们的外在感觉，而是会扩展到我们内在的富有想象力的可视化力量）。尽管如此，想象是（d）这种受动者，它在自己的构型中配合其施动者［因为，通过结合与分离我们
p.9 的感觉经验到的（experienced）事物的肖像，它为自己形成了我们的感觉从未经验到的事物的肖像，譬如，我们能够想象金山］。

三、但外在事物与我们的理解潜能关联，是作为（b）非自足的施动者。因为，尽管它们的

作用甚至不止于想象，而是通过想象中形成的图像，进而影响我们的理解潜能，那种作用不再自足：因为，图像本身只是潜在地可以理解，而我们的理解需要实际可理解的对象。从而，我们理解的接受潜能，需要一个施动者的帮助来理解，能够照亮图像，并且使其实际可以理解，就像自然之光使颜色实际可见。所以，在我们接受性的理解力中产生事物的肖像的主要作用，显然是我们的主动理解，尽管它使用了由作为工具的外在事物获得的图像。还有，接受性的理解（甚至超过想象）是（d）一种受动者，它在其构型中与事物配合，能够形成一种关于某物之所是的观念，甚至包括不可能感觉到的事物。

结论（Hence）：

针对 1：我的答复是，如果奥古斯丁以“精神”意指理解，那么，的确主要不是事物在接受性的理解中形成了其本身的肖像，而主要是我们的主动理解形成了事物的肖像。尽管如此，如果他以“精神”意指想象，那么，事物本身的确对我们的想象发挥了作用，虽然想象只是配合，如我们已说过的那样。但是，事物无需帮助就可以将它们的肖像印在我们的感觉上。尽管如此，奥古斯丁谈论的不是感觉，因为，他将感觉与精

p.10 神、身体视像与精神视像对立起来了。

针对2：我的答复是，这个论证似乎认为，现象是某种物质实体，它从一件事物出发，通过其图像进入了我们的理解，在其中它必定会失去其空间维度；但这种描述显然是错误的。

《自由论辩》（*Quodlibet* 8.2.1）

三十岁时，阿奎那擢升巴黎大学神学教席。在他的研讨课上，他要与他的学生举行问题论辩，这种“问题论辩”（disputed questions）构成他刊布著作的重要部分。按照大学课程惯例，阿奎那教授还要公开举行论辩，每年两次，主题不由他本人选择，而由他的听众来定。这样的论辩称为“自由论辩”（quodlibets）。它们采用一项自由论辩的常规结构，上文以粗体标出。首先，提出“论题”；然后，在“质疑”环节，列出经过编辑的出自与会者的主要论证大要，反对教授的立场。当天，这些内容由一位研究助理填写。这些论证按常规采用宽松三段论形式，意指：它们提出论点（如，“S不是P”），插入一个所谓中项或中介谓项“M”（声称“S是M，不是P”）。文本按程式具体化为“S是M；但M不是P；所以S不是P”。在这些论证之后出现的词语表示“反论”（拉丁语*sed contra*），引出论证或权威引述以支持教授的立场。然而，“答辩”给出教授的解释，“结论”则一一答复论辩开头反对者提出的论证。所有内容由一位秘书记录，随后由教授编辑交大学刊布。

在前文择录的段落中，阿奎那遭到挑战，他要为一个观点辩护，这个观点将其与文学院的哲学家而非他在神学院的同侪联系在了一起：亚里士多德的观点是，人类的知识通过其身体感觉来自外在物质世界，而非（如奥古斯丁和柏拉图的追随者所认定的那样）靠内在于其精神性灵魂的神圣光照。这是阿奎那终其一生的观点。《关于真理的问题论辩》（*Disputed Questions on Truth/de Veritate*）的“问题 10 条目 6”，记录了与此项自由论辩同时的一次研讨课，“论题”一样，但更为详尽，有八条“质疑”（objections），三条“反论”，还有一条“答辩”，篇幅三倍于此项自由论辩的“答辩”。我们发现，后来他又在其为学生撰写的百科全书《神学大全》（*Summa Theologiae*, 1a 84.1 and 1a 84.6）中论证了这个主题。在三个相应段落中，阿奎那回顾了此论辩原初在古希腊处境，认为亚里士多德走的中间道路介于柏拉图的“唯心论”（spiriualism）与一位早期希腊自然哲人德谟克利特（Demokritos 460-370 BCE）彻头彻尾的“唯物主义”（materialism）之间。德谟克利特认为，世界是物质性原子的偶然聚合，处在持续运动变化之中，处在流动中，从未足够稳定到可以确切知晓之程度——如赫拉克利特（Herakleitos 536-474 BCE）所认为的那样，人永无可能两次踏进同一条

p.11

河流。“质疑2”及其答案在针对“质疑2”的“结论”中，连同首段“答辩”，让阿奎那与德谟克利特拉开了距离。

德谟克利特的唯物主义原子论，很大程度上为如今的世俗头脑所承认：心是脑的一种功能（如消化是胃的一种功能），脑是一架机器，其全部运作可以“归结为原子和分子事实”[如脑科学家格林菲尔德（Susan Greenfield），在其电视纪录片中就此主题所认为的那样]。亚里士多德的中间道路认为，在我们所谓物质世界中，没有德谟克利特所认为的那种纯粹的物质，也没有柏拉图所认为的那种纯粹的精神，p.12 因为，质料中有另一种要素，亚里士多德称为“形式”，而那就是柏拉图所误认为的精神性灵魂。对于亚里士多德而言，质料和形式不是两种分离的实体，而是混合为一体的两种要素。

此刻请您想想训练有素的泳者。她有手、脚、眼、肺——有成为泳者的潜能。她为此潜能增加了技巧，通过习得如何协调她的身体部位以达成某种成功的整体——这是一种将其潜能现实化的技巧。无此现实技巧，就不会有泳者，但技巧是身体潜能的实现，现实与潜能（actuality and potentiality）统一于某个泳者的生存（existence）。请您将此与任何动物的生存比较。这是一种有技巧的幸存者，由细胞、组织和器官构成，这些又由原子和分子构成，所有这一切给予它一个动物的潜能。在每个动物体内，都有原子和分子流通协调成为某种成功的整体，让那种潜能现实化。需要一种特殊技巧——生存技巧，这属于那种动物所特有的一种生存方式，并在持续流动的世界中保持着这种生存方式。亚里士多德称这种技巧为动物的形式，并视技巧，如游泳技巧，为一种身体潜能的现实化。现实与潜能，质料与形式，身体与灵魂，不是分离的实体，而是结合在一起的因素，质料给予动物潜能，而形式将那种潜能现实化，从而赋予这种动物以其本身特殊的生存能力。

我们现代的唯物主义原子论者，与德谟克利特的唯物主义原子论相像，也将世界描述为一串原子事件，诉诸现代物理学和化学的发现。我们必须平衡此观点与现代生物学关于这些原子事件协调为一个稳定的生存整体如植物和动物的观念，这个物质流形成了我们熟悉的日常世界，由相互作用的 p.13
事物构成，我们自己就生存在这个世界上。也许，任何事物都可以归结为原子和分子，但事物总是比所归结为的原子和分子更多；事物中于此还有增加，这就是其质料所具有的形式。譬如，一个纽扣的形式，就是其功能——它与衬衫和针线构成的外部世界的关联。那种功能（由以将两部分质料联结起来），不可能作为与纽扣的质料木头或塑料分离的实体而存在，但功能也不是纽扣的任一质料部分。相反，它是“形式”，将构成性的质料要素，潜在的纽扣，现实化为某种现实的纽扣。

我们可以将这些说法普遍化，以涵括所有机器。这样，质料就是一架机器的内部“结构”，就是精心设计以彼此首尾相关的构成机制的结构，一项机制的输出端伺服另一项机制的输入端。这种质料的形式就是那些机能联结所发挥的总体功能——“结构”之“结构”，给予这架机器以其在这个外部世界中的作用和存在。这种外在功能将很多机制的内在符合统一为一种同一体，自行车或录像机或空中客车。无此同一体，一部录像机就只是一堆电子垃圾，一堆电线、轮子和插槽，毫无目的，一无所用。其每个部分或许有形式，但整体没有形式。将这架机器统一为一体的，就是加于质料之上的功能，而它的真实存在就靠这种功能，因为，它存在，只是由于这种想要的功能，这种让这架机器存在的功能。

p.14 我们也许忍不住会说，是我们自己为这个纽扣和这部录像机强加了其所具有的功能。但这是肤浅之论：是我们设想出了这些实体，没错，但我们并未假想出其功能。当我们如此设想时，它们的确是为了服务于我们的目的，并且它们与那些目的一样真实。但无论如何，这种论证对自然有机体，如獾和知更鸟而言，是站不住脚的：根本不是我们设想出了它们的行为方式，而是从它们的行为中解读出了其行为方式。自然有机体，某种意义上是机器，某种意义上又不是。它们体内“有组织”（organized），有胃和脑这样的“器官”[organ这个词源于希腊语中表示“劳作”（work）的词，意指工具或工作部件]，我们可以将这些组织归结为原子和分子，由加于其上的功能统一为一体。整个自然有机体也有其内部作用加于其上的一种外部作用——可是，在这种情况下，它并不发挥功能，因为，没有哪个有机体会在外部世界中发挥功能。但是，它的确有一个由环境支持的统一体或同一体或现存（presence）。它有一种形式，其生存和稳定就靠这种形式，它有能力和技巧免于敌对，并在自然环境支持下茁壮成长。人造机器存在，是因为它们为人类所需要，以服务于人类的目的，但自然有机体靠自然选择而生存下来，凭借的是其祖先的成功。

关于德谟克利特就说这么多。但我们关于亚里士多德和质料与形式的讨论，不仅意在表明“质疑2”潜在的原子论唯物主义的错误，而且意在为表明阿奎那反对“质疑1”中的柏拉图式的唯心主义。的确，阿奎那常常以一项考察来开始“答辩”：在我们能够充分处理所争辩的问题之前，必须满足什么条件。我们择录的段落没有空间展开讨论，但首段“答辩”——从将影响我们心的外部事物视为质料流，到也 p.15
视其为形成物之间的相互作用——只是这种讨论的一个变体：我们在相应段落中看到了这种讨论的扩展形式。现在，我们必须看看这种讨论是如何表明柏拉图式的“质疑1”的错误是什么。

柏拉图受毕达哥拉斯（Pythagoras 569-475 BCE）的数学和苏格拉底（Socrates 470-399 BCE）的伦理学说引导，来反思某些真理的恒定性和确定性，诸如，三角形的性质，正义的德性。这些理念超越了德谟克利特不稳定的永恒变化的流动：一个三角形的理念，具有一种完善和完整性，铅笔画只可能大致接近，而人类正义的理念，远远超越了人类的实际行为，其中正义与不义比比皆是。柏拉图并未将这种理念的可理解性建立在物质世界之中，而是建立在由稳定的非物质形式（Forms）构成的彼岸的理念世界中，这些形式模糊不定地回应和反映在物质世界之中，就像接收不良的无线广播。人类获得其正义理念，不是靠感觉不完善的外在物质事物，而是通过揭示由内在于精神性灵魂中的理念构成的非物质世界。

同样的二元论世界或两个世界，强烈反对十六世纪重现的唯物主义，这是阿奎那的时代很久以后的事情了。哲人笛卡尔，认为动物只是机器，他辩称，由于心不能从动物经验中获得其确定性，尽管心关联于身体，它也必定是一种完全不同的实体。正是这种观点对宗教的拥趸有吸引力，无论在西方还是在东方，提供了一个彼岸世界，神灵和精神能够在其中脱离物质流，尤其在达尔文似乎已然证明人类的身体只是动物进化树上的一枝的时代。

p.16 亚里士多德的质料中的形式［他使用的希腊词语意指“材料”（stuff）的“外形”（shape）］，消除了任何对柏拉图的非物质形式的需要（他以希腊语中表示形式的词语意指看或理解的对象）。在亚里士多德的世界中，心是塑造质料的形式，而非一条进入非物质世界的通道；这正是一种技巧或能力，我们必须让塑造我们周围的物质世界的形式也塑造我们。对于阿奎那和亚里士多德而言，形式不是幽灵似的“超自然地”现存于机器或有机体*之中*，而是完全自然公开和显而易见的现存，*从属于*机器或有机体整体，对于外在于它的事物而言，这是其独立存在于那个世界中的技能。拉丁语中表示一个活的有机体的词语是*anima*［灵魂］——它给予植物或动物以生气，实现它，形成它，并且给予它要求的生存。动物，如其名称本身所暗示的那样，它拥有anima［灵魂］的方式不同于植物，这是一种带有感觉、想象和理解技能的形式。*anima*［灵魂］，英语通常译为“灵魂”（soul），但在上文择录的段落中，我将其译为“心”（mind）；将其译为“灵魂”，会误导现代读者，从一开始就为其造成错误印象，使其认为身体中有某种幽灵似的构成性实体，其本身具有一种精神性的神秘的现存。

对于亚里士多德和阿奎那而言，甚至一个动物的心，也不是某种存在于其身体*中*的特殊实体或有机体，而是其动物身体存在于外部世界中、并且有技能稳定存在于其中的特殊方式，只要它处在生死之间。那种特殊的动物性生存方式，其特征是它对其环境的一种意识，是一种对环境变化作出反应的预期和准备，我们可称其为动物面对世界的“立场”（stance）。亚里士多德和阿奎那都称其为动物的想象力（imagination），动物对世界的“想像”（picturing），但他们实际意指动物对世界的感受（feel）。在上文择录的段落中， p.17
阿奎那主张，这种动物对外部世界的立场，由居于那个外部世界之内影响动物感觉的事物培养，但他也指出，动物有能力与事物作用于其上的方式协作。

所以，在他的“答辩”中，阿奎那替换了德谟克利特将质料作为一种混乱的原子流动的图像，代之以亚里士多德式的将质料作为一种具有自我同一性的事物的组织和解体过程的物质图像。我们作为动物的组织方式是，我们能够“选择”外在于我们的事物的组织。在外部世界中形成的稳定的身体，作用于我们形成的稳定的身体，而我们的身体能与之协调一致，这就是我们所谓知识的起点。知识逐步建立，在我们择录的段落的“反论”中做了总结。我们的外部感觉就是这样形成的，以至于我们完全是受动者，并且向由外部世界作用于其上的形式保持开放；我们的想象力——我们面对所感觉到的世界的动物性身体“立场”——从事物中读出了其对于作为动物的我们的生存的重要性，我们人类的理解力表明了其动物性“立场”对客观作用的判断，这样的外在事物在世界整体中发挥着作用。对于人类而言，不仅要解读物质世界中的客体对我们的身体生存意味着什么，而且要解读其在世界整体框架中的重要性——解读其究竟。正如自然光表明了事物的颜色，却不能创造它们，所以，阿奎那和亚里士多德所谓能动的心的那种光，也表明了感觉和想象所提供的客体，却不能创造它们。心将客体的形式引向光，所表明的形式作为概念纳入了接受性的人心。

p.18 1256年在巴黎期间，阿奎那的观点发生巨大变化：这位新晋的年轻神学家，支持巴黎哲学家的自命不凡，攻击其神学同侪，反对可敬的奥古斯丁主义和柏拉图式的传统将灵魂作为精神性的彼岸世界的天然居民，偏爱自命不凡的亚里士多德主义观念：灵魂自然现存于由一种特殊的动物身体构成的物质世界中。

2

认 识

p.19 **论题**：德性，如仁慈，是如何为匮乏它们的人所认识到的……

答辩：认识仁慈，可能意指，(a) 认识它是*什么*，(b) 认识它是不是存在（譬如，通过在某人身上感知到它）。

这样一来，人们能够 (a) 认识仁慈是*什么*，而不管人们是否拥有它，因为，人类的理解力天然可以把握事物之所是，并且以同样的方式着手，以得出关于事物的真实结论。目前，我们天然有某些原初的真理，每个人都知道，其中有潜在可知的结论，我们的理性能够得出，并使其现实可知，要么 [1] 我们自己发现它们，要么 [2] 从他人那里习得它们，要么 [3] 有上帝启示它们，所有这些认识方式，都依赖于天然可知的原理。当我们是［1］发现或［2］习得时，这些原则，由感觉经验和想象力充实，足以获得知识；但即使它们不是［3］上帝的启示，它们也会向我们指示出与它们自身相一致的内容；因为，人类的理解力不再能够接受某种与天然知道的原理不一致的内容，正如它不能拒斥这些原理 p.20
本身。

同样，每个人都知道的某些观念，天然存在于我们的理解力中：存在（being），合一（being one），存善（being good），以及如此等等。由这些观念中，我们的理解力获得了关于某种特殊的事物之所是的知识，其方式与从自明的原理中得出结论一样。重复一遍，其发生，要么［1］通过我们自己的感觉经验（如当我们运用关于一事物之属性的感觉经验，形成关于其所是的概念），或者［2］通过传闻（如当不知道什么是音乐的某人听说，有一种行业能够教某人如何唱和演奏乐器，这样，在已然认识了一种行业之所是和歌唱之所是的情况下，他就会形成什么是音乐的概念），甚或［3］通过启示，如在信仰方面发生的事情。因为，当我们相信上帝已经赐予我们在爱中与他结合时，我们就形成了一种关于仁慈之所是的概念，理解它就是恩赐，上帝由以让我们与他在爱中合为一体，因为，我们已然知道赐予、爱和合一是什么，通过将它们分析为更原初的已知事物；我们如此继续，直至那些人类理解力所具有的原初观念，每个人天然知道这些观念。

这样一来，我们的理解力以此方式形成的仁慈概念，作为一种关于感知或想象的某物的表象（representation）就不是仁慈的相似物，因为，我们的想象和感觉只能获得事物的外在属性，而无法获得其本质，所以，感觉和想象中的表象之物，譬如，不是一个人的本质，而只是其雕像所能表象的某种外在属性。然而，理解力获得了事物真正的实体和本质，所以，理解中的表象只是一事物之真正本质的一种相似物，事实上，这种
p.21 相似物，即事物之所是的方式是，其存在是理解中的存在，而非事物本身之中天然的存在。任何不能感觉和想象而只能理解的事物，就是对其实体的认识，事物之所是，以某种方式存在于我们的理解力中。这就是仁慈作为仁慈之所是而得以被认识的方式，那些拥有仁慈的人和那些不拥有仁慈的人都是如此认识仁慈的。

至于（b）通过感知来认识仁慈，亚里士多德澄清说，要感知任何能力或德性（包括仁慈），

我们的理解力必须感知其作用。这样一来，德性活动（譬如，仁慈的行为）从我们所讨论的德性发出，真如其真实存在于其本质之中，所以，以这种方式认识我们自己拥有的德性，是按其本质中而非仅仅按存在于我们理解力中的实体来认识它的。但只有拥有仁慈的人才能按此方式认识它，因为，仁慈和德性活动，首先是一种内在的运动，只有活动中的人才能认识，匮乏仁慈的人能够推断他人拥有仁慈，只有当外在活动使内在运动公开可感知才行。（我的意思是，我认为一个活动中的人，能够知道他自己的仁慈，尽管实际上我认为这不是事实，恩典和自然之爱如此相像，甚至当行为是仁慈的行为时，也不足以感知到它们就是由仁慈发出的）……

《自由论辩》（*Quodlibet* 8.2.2）

这是前章《自由论辩》紧接一节中的“答辩”部分。其中，阿奎那讨论了外在于我们的事物如何作用于我们的心以在其中产生其形式。但根据阿奎那，这种由事物作用于我们被动的心的构建，本身不是知识，而只是心智活动（mental activity）必要的初步阶段，这种心智活动才是真正的知识。

动词“认识”（to know）的语法已然暗示，认识是一种活动 p.22 [主体“认识”（knows）是主动语态]，但它也暗示所知承受了那种活动［客体“被认识”（is known）是被动语态］。阿奎那相信，语法具有误导性。只有物理活动，像加热或击打，才由其施动者发出，将另一种事物的潜能变为现实；像认识和爱这样的活动，停留在其施动者当中，就可以实现施动者本身的潜能。“我们的心与所理解到的内容的关系，不像一个施动者与一个受动者的关系，”他在其他地方说，“但心和所知对象共同构成一个施动者……理解活动并非往来于人的理解力与其所理解之物之间；它由两方面的结合发出。”“认识本身，并不产生外在结果；它内在地完善了认识者，就像生存完善了生存之物：正如生存就是实际拥有某人自己的形式，认识就是实际拥有某人所知之物的形式。”心和客体在彼此之中并且靠彼此共同行使一种共享的现存（presence），一种相互寓居，在此过程中，客体的外在物理呈现，也参与了其心智表象。在此，“表象”必须准确理解为“*再*—呈现”（*re*-presentation）。一事物的现存，外在于心，能够对其他事物产生物质影响，是被再—构想（re-conceived）、再—现（re-presented）为一种能指的（significant）现存，从而靠其能指（significance）而能够对心本身造成非物质印象。让我们比较看（seeing）事物来表明这种情形。

看并未将一块石头的物质现存引入我们的眼睛，而是引入了*视觉*（sight），这里的“视觉”是给予我们眼睛的功能

的名称；视觉并不像我的眼球在空间意义上寓于我之中，而
是作为一种视野外在于我，一直延伸到我所能看见的远处。
当我说视觉中有某物时，我并不意指它就在我的眼睛中，也
不意指它不再存在于外界；相反，它的外在现存就是现在视
觉中的内容。比较短语“记住”（in mind）与“在望”（in p.23
sight）。当阿奎那说认识是一种心与心中获知的某个客体的
结合活动时，他并非意指这个客体不再存在于心外；相反，
心中的客体恰恰现存于外，认识是现存于外的事物和认识
（*再*—现）它本身的心的结合活动。生存就是一个人在世界
上拥有其本身的现存；认识就是在世界上拥有另一种事物的
现存，它再现于一个人本身的现存的现实性之中了。

所有这些内容，都是我们择录文段的前提，阿奎那在其中对我们如何认识和分辨我们所不拥有的德性的问题作出“答辩”。此间，认为德性是人类对善行的一种偏好（bias）（一种人类精神的偏好，如果你是奥古斯丁派），这种偏好有如善良或勇敢。在这篇“自由论辩”省略的部分中，一位听众问，如果德性已实质上现存于有德精神之中，为什么这个人还需要*再*—现它以便认识它。只有无德之人才需要这种进入其中的表象。一则出自奥古斯丁的引文使难题尖锐化了：仁慈，譬如，它的实体如此独特，以至于不可能对其有表象。这样一来，大概无德之人就不可能认识有德之人在谈论什么。但是，阿奎那没有将现存于精神中等同于存在于心中，也同样没有将现存于身体中等同于存在于视觉中。有德

之人与无德之人一样，都必须将德性再现于其心中，如果他们要认识德性。有德之人和无德之人都不可能设想何为德性、德性究竟何在，除非将其再现于心中。

让我们比较和对照此种情形与其他任何一种动物的情形——阿奎那在标示（a）的“答辩”段落中并不包含此种情
p.24 形。动物感知现存之物要通过触觉。所有物质事物都与空间上与其相邻的事物相关，但只有动物能够感觉到空间有内外之别，正是在触及其他物体时，才会有由内到外的空间转变。感受（Feeling）很神奇：感受到所触及的物体温暖，不只是被它温暖。一块鹅卵石可以被我的手温暖热，它却感觉不到手温。但是，当我的手被鹅卵石温暖时，它感受到了鹅卵石的温暖。亚里士多德就此谈到一种无质料性（immateriality）——接受形式而不承受质料。接受一种颜色，不是承受颜色——你并没有染上那种颜色。动物对事物的所有感觉，都基于这种单一的触觉，这是阿奎那的看法，不管有无中介。动物幼崽作为新手，学习将起初无定型的视觉、听觉、味觉和嗅觉归结到空间世界的各部分，它们可以在此空间世界中行走和施行它们的触觉。这些感觉建立起了动物自身对所触及的世界的复杂“态度”，阿奎那步亚里士多德后尘，以相当微弱的方式称这种“态度”为它们对世界的“想象”（imagination）或“想像”（picturing）。想象的形成不仅源于看到的图像，还源于动物以其感官所感知到的一切事物；整体填充为一种综合性的触觉官能，这种官能不是以一副看到的图片来呈现一个动物，而是以动物走入其中、占有它并在其中有立场的三维世界来呈现。

人类给予其动物立场以阿奎那所谓“理解”：意识到事物的客观现存。有一种感觉，动物在其中只是抽象地面对事物：它们意识到的事物只与动物自身相关。但在所有人类的语言和科学之下，潜在着一种对事物与宇宙中的其他每一种事物都有关联的意识，一种对它们的客观实存的意识。只有 p.25
人类具有这种宇宙概念：事物在其中有客观联系。动物择取的外在现存之物，关涉其自身在世界中的态度，关涉其与自身的环境的结合；但是，一个人在环境本身当中择取，他认识到环境包含于其中的一整套环境向宇宙延伸扩展，这是终极环境。我们无须完善我们关于宇宙环境之*所是*的观念（我们有比阿奎那好得多的关于宇宙环境的观念），以从根本上感知到它就在那里，正如一个人感知到什么东西挡住了浴室门的开启，要问什么挡住了门，会回答说，“我不知道是什么，但确实有个什么。”

所以，触觉充满了感觉和想象，是我们感知“实在”（existence）的基础，我们的智力就以之为根据。石头与其周围的空间有关，却觉察不到它；植物可以觉察到外在条件，却觉察不到外在客体；动物可以觉察外在客体，却觉察不到这些客体在宇宙整体中的客观作用；人类可以觉察事物的现存，不仅由于它们触及我们自己在世界中的态度和触发情感表达，还由于它们实存于宇宙整体之中和触发以公共语言为媒介的表述，无论我们何时问某物是否真实存在和某物是什么。动物可能对某物感到困惑，如一条小狗仔细观察我推着购物车，歪着头，态度显得很紧张。“我感知到了什么，但我真知道它是什么吗？”它貌似有这样的表达。因为，它没有公共语言，所以，它不可能询问我或它自己“这是什么？”它有可能困惑于购物车对它意味着什么，如何以其全部才能
p.26 对它作出反应。但是，要是实实在在困惑于一事物在宇宙体系中之所是，我们就需要发挥人类语言的无限可能性。

阿奎那强调，尽管智力为我们开启了认识事物之所是的道路，但它只是开启——它只是原则上知道事物之所是。我们的理智直接认识到某物挡住了浴室门的开启，但它究竟是什么则要靠论证和经验。前文择录的段落中，在标示（a）的段落中，阿奎那探究了人类如何利用其作为动物把握事物的方式，结合由共享的语言传达的对他人的经验，将我们原初的理性知觉“*那*是一个事物”，阐述为一种关于事物之*所是*的观念。狗也许会满足于由经验告诉它关于购物车可以和不可以期待什么，但是我们人想超越这一点——澄清什么使购物车成为一架购物车。什么确定了它，什么给予了它在世界中的个性和稳定性，什么给予了它是那个世界中的一部分和它实在的断言？究竟什么是一架购物车，究竟什么是一条狗？问题如此充满对抗性，但整体上暂时可以归结为这个宇宙。

当我们提出这些问题时，我们正是将我们动物性的观察整理为三种关于一事物的陈述：第一种陈述，从一般或特殊

角度规定和确定，什么使得一事物成为一个实在的自身（existent self）；第二种陈述只是事实陈述，它们碰巧是对事物的真实陈述，并不内涵于其定义之中；第三种陈述是一组“切合”事物的规则陈述，辅以其定义和由其而来的推论，确定关于它的何种事实陈述有意义，无论它们是不是关于它的真实陈述。阿奎那步亚里士多德后尘，尽管一门科学的真 p.27
正任务是规定其研究对象在宇宙中的自然位置，并由其定义推知规则，以确定关于主体何种事实有可能为真。他不认为他能推知事实本身——它们需要观察——但他认为他能够推知从感觉角度关于事物能说什么的限度。他的科学比我们所谓哲学更为丰富，其发生地不在实验室或野外，而在辩论大厅里，在此他尝试在世界中找到意义。然而，起点是所观察到的事物的自然（nature）。而且，如我们在择录文段中读到的那样，甚至上帝的启示也必须遵循由事物的自然所决定的规则。阿奎那的信仰也许导致他接受了某些关于世界的事实，我们不可能从自然角度推知关于这些事实的真理，而甚至连这样的事实也必须合乎自然理性。若非如此，它们就不可能是关于世界的事实。所以，这就成为神学家的一项任务：运用他的自然理性以表明启示真理如何才有意义。

择录文段（a）部分探究了这一科学进程，结论是德性之所是同样由有德之人和无德之人得到规定，通过由常规观察工具和他人的言辞推知其定义和属性。这是与奥古斯丁的进路完全不同的进路，他相信他能够通过内省进入与自己精神中的德性的非物质“联系”（contact），比方说“味觉”与其实质的关系。阿奎那认为这是对神圣光照的隐蔽吁求，避免了专门的人类探究的艰苦劳作，但他这是委婉的说法。他表示，奥古斯丁或许意指，心的表象的确再现了事物的“内在”实体，而不仅仅是其“外在”属性，但他知道那不是奥
p.28 古斯丁真正的意思。奥古斯丁的意思是，一种神赐的对德性的感知，能够替代关于它的科学观念，但阿奎那捍卫人类科学的必要性。

在（b）部分，阿奎那由我们如何构想德性之所是的问题，转向我们如何感知其实在于我们和他人中的问题。他再次采用了一种强有力的亚里士多德主义而非奥古斯丁主义的立场：我们以我们的心构想，但我们主要以我们的感觉而非心来感知。“联系”和“味觉”属于物质世界。我们感知到我们自己心的活动，只在我们有下述认识时：我们对外部物质世界的感知，依赖于我们自己，依赖于我们在空间中的位置，依赖于我们受教于他人。所以，我们间接感知到我们自己的活动的现存，就像那些事物现存于我们关于它们的表象中；甚至我们更为间接地感知到善恶之拥有，通过感知到我们或他人在那些活动中展示出的偏向。但如此一来这就成了带有观念的感知，而且我们有可能犯错误，因为，我们自傲有一种我们并不真实拥有的爱，如阿奎那所指出的那样。在与此择录文段平行的段落中，阿奎那进而思考了自我感知——对一个主体的感知，我们所有的偏向和活动都结合在

此主体之中。这就更容易犯错误：我们能看到的*事实*是我们称为自己的某物实在，但我们是*什么*？对自我的感知需要关于自我的正确观念：这种感知必须由对我们自己和我们对外界的影响的科学研究来充实，阿奎那说，那是艰苦的劳作。阿奎那不相信，人类有任何通向自我认识的内在私人热线（hot-line）。

因此，阿奎那的宗教并不依赖于对超自然实体的某种超
自然的感知，很多世俗神学家如今认为宗教必须有此种方式
的依赖。甚至我们自己的德性对于我们而言也并非直接可以 p.29
感知。它是我们对我们以感觉感知到的世界的部分解释。阿
奎那对某种超越科学的祛魅力量的施魅的世界不感兴趣。他
的兴趣在于逐步深入到对自然事物的一种科学的说明；在那
个世界中已然存在事物，只有他的宗教或许才能解释这些事物。

3

实 在

p.30 [a]……当一个施动者停止行动时，它的印记想要持续发挥作用，只有当其已经扎根在其中，扎根在作用的本质中。这样一来，属于一事物的形式和属性持存于其中，直至其消亡都构成其部分自然，正如习惯很难转变，因为，它们已经成为第二自然；但是，身体或灵魂的其他倾向和运动，要比其施动者的行动长久，只有当其通向某种自然状态。而且，任何作用超越了其所影响之物的自然，就完全不会比其施动者的行动更长久——光不会在空气中四处绵延，如果拿走了灯。所以，由于实在不从属于受造物的本质，而只属于上帝的本质，如果上帝停止行动，任何事物都将不会继续实在……

《反异教大全》（*Summa contra Gentiles* 3.65）

［b］人们有时候发现，难以理解自然的作品如何能够既归于上帝又归于自然原因：

1. 因为，看来一项活动不可能有两个施动者；如果此项活动产生的一件自然的作品从属于某种自然原因，它就不可能也从属于上帝。 p.31

2. 再说，当一个施动者足以做成某事时，超过一个施动者就是多余的：我们没见过自然使用两样工具，如果一样工具就可以做到。所以，如果上帝的力量足以产生一件自然作品，让自然原因产生它就是多余的，或者，如果一项自然原因足以对其本身产生一种作用，让上帝对其产生作用就是多余的。

3. 此外，如果上帝产生了某种自然事物之整体，就没有什么留待自然原因去做了。

所以，看来我们能够说，上帝和自然原因产生了同样的作用。

但是，按照我们已说过的话，提出下述几点就没有困难：

1. 因为，对于任何施动者，都需要思考两件事情：活动着的事物（譬如，火）和赋予其活动力量的质（譬如，热）。现在，一个低级施动者的力量依赖于高级施动者的力量，要么给予它力量，要么维持着它，要么利用它，方式如任何工人使用适合其工作的工具，工具非他所造或维持，他只是使用工具。所以，一个低级施动者的行动，不仅由其本身的力量中发出，而且由所有高级施动者的力量中发出，由于它发挥作用有赖于它们所有的力量。产生作用的活动最直接的事物，就是最低级的施动者，但活动最直接的力量就是最高级施动者的力量，因为，低级施动者的产生作用的力量，并不直接源于其本身，而是间接源于紧接它的上一级施动者的力量，而后者又源于更高一级施动者的力量，所以，只有最高级施动者的力量直接并且由其本身产生作用（如我们在证据中所见，只有最初的前提是直接的）。所以，一点也不奇怪，单件自然作品由低级施动
p.32 者和上帝产生，正如单项行动由一个施动者及其力量产生，还有由各自直接产生，尽管方式不同。

2. 同样很清楚，甚至当某个自然原因发挥适合它的作用时，有上帝发挥作用也不嫌多余，因为，自然原因只有靠上帝的力量才能发挥作用。如果出于自然的作品，上帝全部都能够自行产生，它们有其自身的自然原因，也不嫌多余。这并非由于上帝的力量有某种不足，而是由于其不可估量的善，这种善愿意给予事物与其相像之恩赐，不仅在实在方面，而且在造成其他事物方

面，所有造物以这两种方式与上帝相像。此外，以此方式，创造被赋予了秩序之美。

3. 同样很清楚，归于自然原因的作用和归于神圣力量的作用并不一样，即使部分作用源于上帝，部分作用源于自然原因，作用整体以不同方式源于两方面，正如我们使用工具制作的事物，既完全是工具的作品，也完全是工具使用者的作品。

《反异教大全》（*Summa contra Gentiles* 3.70）

1259年，阿奎那三十四岁，刚刚结束了在巴黎大学这段忙碌三年的教授生涯。他十四年前作为多明我修会见习修士离开意大利，返回意大利后，他受委派为奥维托小修院（priory of Ovieto）培养新一代年轻修士，并完成了始于巴黎期间的一部著作，我们称为《反异教大全》。字面翻译是《反异教徒纲要》（*Compendium against unbelievers*），但早期手抄本称其为《一部论天主教信仰之真理以反对异教徒错误的书》（*A book on the truth of the Catholic faith against the errors of unbelievers*）。这部著作四卷的大部分内容，收藏在梵
蒂冈博物馆，仍然保留着他的亲笔抄本原稿，在卷一中间由 p.33
巴黎墨迹变成了意大利墨迹。大量修正和改写表明，他承担

的这项任务有多么繁重。某种意义上，这是他最具个人特点的一部书，就形式、内容和意图而言。

不同于为课堂教学用途撰写的著作，它们记录或模拟了课堂论辩的形式，《反异教大全》这部著作分章编排［如上文择录文段（b）中，这些章节有时候采用了反对、阐述和答辩等论辩格式］。神学以新方式作了处理，旨在诉诸“异教徒”的人类理性，阿奎那以“异教徒”意指穆斯林和无宗教信仰者——这些人没有将基督教经典接纳为权威，而是尊重理性。在他的前三卷书中，阿奎那使自己严格局限于他认为理性能够证明为真的内容（譬如，自然与上帝并不相互排斥），以申明他的证据，并只在每章末尾引述基督教权威，表明所证明的内容的确就是基督教的说法。在第四卷中，他转向理性不能证明为真却能为之辩护的内容（譬如，上帝有一个儿子，他化身为人）。学者们的争议在于，阿奎那是否真的向异教徒发布过这部《大全》；在我看来，他向自己发布了这部《大全》，以确定必须面对的理性与信仰的关系，公正对待理性的自主地位。在本书第二章所引自由论辩中，他坚持认为，就像信仰问题一样，甚至当自然理性的原则不足以给予我们知识时，“它们也向我们指出了与其相一致的内容；人类理性不能接纳与自然可知的原则不一致的事情，它同样也不能拒斥这些原则本身”；在其生命晚期的另一则
p.34 自由论辩中，他说在神学中辩难时，老师必须运用理性探究真理的根据：引述赤裸裸的权威来宣布某种主张，并不能分

毫理解其如何为真，不过将脑袋空空的学生打发了事。

上文两段择录出自阿奎那《反异教大全》卷三。在卷一中，他论证了上帝的实在，在卷二中辩称上帝造成其他每一种事物的实在（existence）。卷三以163章处理明智与天意，上帝以此照料着其受造物的福祉，我们出自本卷的两段择录，结合起来说明了一点：上帝在世界中的作为要通过自然原因，所以，上帝的作为和自然原因的作为并非仅具其一的作为，而是彼此关联，如工匠的作为与其工具的作为。

中世纪的宇宙论体系使这种类比看起来较其本身更简单。由物质流动（material flux）组成的世界，组织和分解为短暂稳定的事物，在此体系中局限于内在于月球轨道的世界之一部分。月球之外的事物不受此物质流动影响，不可能分解：不可败坏的永恒天体太阳、行星和恒星，像洋葱一样层层叠加，旋转运动激起了低于月球的流动，并引起了它内部发生的有序周期变化。可以将上帝描绘为最外层旋转的原因，从而也是每一种自然运动和内在变化的原因。然而，这种宇宙论体系不复存在，毁于阿奎那的时代与我们时代之间的两次伟大科学革命。

第一次科学革命，在伽利略（Galileo）和牛顿（Newton）领导下，将地球（流动中的世界之一部分）逐出了运转的天的中心（世界这部分不受流动影响），并将其重新设定为很 p.35
多行星之一，围绕着很多恒星之一在旋转。第二次科学革命，在地质学家和达尔文领导下，如今在宇宙膨胀理论助力支持下，摧毁了由天体作用自上而下规定的永恒物种观念，将自然变成了一种在漫长的进化史中自下而上出现的偶然秩序。但奇怪的是，第二次革命为我们恢复了一种解释阿奎那的方式，第一次革命已摧毁了这种方式。因为，在某种意义上，牛顿与其说将地球之流带向了天，不如说使天免于下降到地球之流：牛顿力学将两方面结合起来，是一种关于硬、巨大、不可穿透的不分解的粒子的力学，遵循同样的永恒支配着天的几何学法则。物质沾染了数学的不可毁坏性质。动物的身体变成了机器，而上帝被视为其设计师。另一方面，达尔文的革命，坚定地让世界回复到生物学的可毁坏性质，从而维护了其生命形式的奇特的多样性和无法预测的个体性。事实上，他的理念如此符合人们对自然的演化方式的看法，这帮助天文学家看到，天也在以最奇特惊人的方式由下向上演化。达尔文主义摧毁了由上向下的阿奎那所承认的中世纪宇宙论，却让我们获得了自由以见识阿奎那著述 的另一方面：由下向上的实在形而上学，让上帝直接现存于自然的每一个别部分，无论是生成的还是非生成的个别部分，上帝内在于事物之中，如他所言，胜过事物内在于其自身。

我们如今生活于其中的世界，在我看来，从哲学上更接近阿奎那而非牛顿的世界。阿奎那的形而上学的典型特征是
p.36 更强调实在（他称其为 esse）而非形式。在亚里士多德的形而上学中，正是形式给予实在，使仅仅潜在于质料的形式得以实现，而施动者的活动就是由质料中抽取出形式。但阿奎

那感兴趣的观念是，不能断言形式导致实在*本身*，就其自身的本质而言。您可以说，阿奎那差不多将上帝“定义”为形式与实在的这种关联的来源。其作用就是将两者联系起来。

阿奎那再三以不同方式提出这种观点。譬如，上文择录的段落［a］提出这种观点的说法是，实在（esse）超越了任何受造物的本质或形式，这意指没有任何本质可以说它必须是实在；如果本质带有实在，只要宇宙容许质料来承担实在，那么，必定是上帝（上帝就是其本身的实在）将其自身的肖像提供给了将要形成的事物。实在必定借自实在的某种来源，择录的段落说，光是以同样的方式从灯借来的。这种关于实在的思维方式为很多哲学家所怀疑：光是事物的一种真实属性，而实在似乎只是关于一种属性之实体化的逻辑观念。这些哲学家认为，说猫实在，不是指出猫的属性，而是指出属于存在的一只猫实体化了；说一个三角形有三个角，是说角的功能在一个三角形中实体化了三次。但是，按照阿奎那的实在含义，猫的实在与三角形的角的实在方式不同，因为，猫的实在就是生存（surviving）。要生存，它们就必须有环境支持，转而又要有一个包容性环境支持，最终，这需要终极环境支持，这就是由大爆炸而来的宇宙。实在就是进入宇宙的实在，就是分有宇宙的实在性和统一性。实在不是 p.37
您关于任何事物也能说的一点，不是您排除了其所有真实属性所剩下的一点。相反，实在是您能说出的最完美之物，因为，如阿奎那所论，甚至一头狮子的存在也不完善，除非您真就是一头狮子。

阿奎那的实在观念，具有某种永无可能否认的绝对性；那种已然存在之物，永无可能说它不曾存在，甚至上帝也不能。那种绝对性源于其作为一个由宇宙整体所支持的暂时性的中心的地位。这里的“宇宙”是世界上其他每个事物的结构，作为我们正在思考的这个事物的环境。但是，为了获得所给予的支持，其他每个事物都需要拥有它。只有当某处有一种绝对的支持活动，它本身不再需要支持，它就是实在本身，其他每个事物的实在才有意义。

绝对的支持活动与任何事物之间的关系，就是阿奎那所谓创造。他相信（凭借其基督教信仰），事物的开端都在时间之中，但他补充说（凭借其人类理性），即使它们永远实在，它们也时刻需要与上帝的关系，他称其为创造。如果上帝停止支持某个事物，这个事物就会停止实在。任何事物的现存都宣布了上帝的现存；“上帝活动于意志和自然的每一项活动之中”。这就是择录的段落［b］何以辩称，上帝不是对自然原因的一项多余的补充。任何造成某物实在的事物，都是通过将某个形式引入质料才造成了其实在，而这需要作为所有形式的终极支持环境的上帝的合作。

择录的段落［b］还论证了阿奎那认为与某些穆斯林神学家相左的重要观点——他们认为不是火发热，而是上帝在
p.38 火中发热。换句话说，他们认为，自然原因是多余的——上帝直接成就了一切。阿奎那认为这种观点表明的对自然和世

界的爱，比上帝自己表明的爱要少。上帝希望事物实在，就像他也实在，也希望事物是施动者，就像他一样。事实上，如阿奎那所言，除非事物有活动，否则就没有实在。看不到受造物活动，就看不到它们有实在，这不是在它们中看不到上帝，而是根本看不到上帝。

阿奎那相信，上帝不仅创造了有自然原因的每一个事物，还创造了每一个“无原因的”（uncaused）事物，他以此意指偶然事件。偶然事件是由两条独立的因果线交叉所导致的巧合。事实上，报纸第3版上的某篇文章背面是第4版上的某张照片，这可能纯属偶然。有人想让这篇文章在第3版上，有人想让这张照片在第4版上，结果它们恰好背对背，但这种背对背并非有意为之。即使同一个人有意导致两个分开的位置，也并不意味着是她造成了这种巧合本身。然而，这种巧合是实在，并且能够在真实的世界中造成真实的结果；这种巧合有时候有意义，而且，因为它们实在，所以它们是上帝的作为。上帝的支持不必要落实为一系列自然原因。上帝直接现存于每一个事物，甚至在两条自然原因线索纯属巧合之处。

那么，一事物出现是否出于偶然，无关乎上帝的因果性（causality）。阿奎那的上帝，不仅由上到下活动，通过设计和安排原因而直接现存于事物之中，而且还由下向上活动，作为其终极支持间接现存于事物之中。中世纪的思维模式认为，上帝和自然主要由上向下活动（尽管认为由下向上的偶 p.39

然事件可能、偶尔、罕见：譬如，基因混乱的“怪物”，是自然偶然的产物）。现代人面对的世界，偶然所起的作用更大，但上帝也在发挥作用。这正是阅读阿奎那所认识到的重要一点。他会认为，创造论者和智能设计论的支持者所持有的任何基于神学理由反对进化论的观点，都是完全错误想法。从科学的角度来说，无论他们对世界的看法是否正确，他们对上帝的看法是错误的。创造无关乎设计而关乎*实在*（*esse*）。在世界上有*实在*，有实现，这出于*实在*之潜能：潜能，从被动角度思考，它就是自然，从主动角度思考，它就是上帝。而上帝现存于任何*实在*现存之处——在事物的表面，事物在此与宇宙的其余部分交界。上帝并非实在于遥远的天上，并非实在于任何事物的机制中，而是实在于事物本身于此实在的表面。

4

抉 择

p.40 ## 看来无理性的动物也有抉择

1. 因为，亚里士多德将抉择定义为*着眼于目标的寻求*，而无理性的动物也着眼于目标而寻求和行动，所以，无理性的动物也有抉择。

2. 此外，抉择意指选择一事物优先于另一事物，但无理性的动物也如此（我们看到绵羊吃一种草而拒绝另一种草），所以，无理性的动物也有抉择。

3. 此外，亚里士多德告诉我们，明智是以智力抉择最佳方式来达成目的，但无理性的动物也运用那种智力（intelligence）。亚里士多德《形而上学》论及“动物，如蜜蜂，有非习得的智力，因为，它们能听”，我们看到，像蜜蜂、蜘蛛和狗这样的动物，有令我们称奇的灵巧行为：猎犬追击牡鹿经过十字路口，会嗅知牡鹿是否走了第一条或第二条道，没有嗅知它没走第三条道，信心十足好像靠排除法证明，由于牡鹿没走前两条道，而没有其他道，它一定走了第三条道。所以，无理性的动物，看来也能够作出 p.41
抉择。

反论：尼撒的格里高利（Gregory of Nyssa）说过，*孩子和无理性的动物行事随心所欲而无抉择……*

答辩：因为，抉择是偏爱一事物胜于另一事物，所以，就需要有几个可能选项以在其间作出抉择，当一切都已确定，就没有抉择余地了。那么，感官欲望与意愿之间的区别在于，感官欲望天然固定在特殊对象上，而意愿尽管天然定向于普遍对象（也就是任何善物），却固定在任何特殊善物上。抉择为意愿所特有，而非为感官欲望所有，而且，由于感官欲望是无理性动物唯一的欲望，所以，它们不可能有抉择。

结论：

针对1：我的答复是，着眼于目标的寻求，只有当偏爱一事物胜于另一事物时，才叫抉择，只有当存在几种可能想望的事物时，才可能有抉择。

针对2：我的答复是，无理性的动物选择一

事物胜于另一事物时，它们的欲望天然固定于那个事物。当一个动物的感觉和想象面对某事物时，它天然受其吸引，会不加抉择而直接追求它，正如火向上而非向下燃烧，无须抉择。

针对3：我的答复是，变化，如亚里士多德所言，就是“某物潜在的变化因某一变化动因而现实化”。那么，变化表现出了其动因的力量，所以，当理性是动因时，发生变化的事物表现出了理性的秩序，尽管它们本身无理性——弓箭手射出一支箭，直达标靶，就好像它知道它要去哪里。同样的情形也见于钟表和其他人类工程成果的运动。这样一来，人工制品之于人类的手工
p.42 艺，正如自然物之于上帝的工艺，所以，自然，就像理性，如亚里士多德所论，以合乎秩序的方式推动事物。无理性的动物所做的有些事情，看来是出于灵巧，因为，它们的天性命令它们按照至高工艺所规划的有完美秩序的进程行事，所以，我们说某些动物有智力或明智。但是，这并非因为它们有理性或会抉择，如事实所表明的那样，一个物种的所有成员都以同样的方式行事。

《神学大全》（*Summa Theologiae* 1a2ae 13.2）

这段话是出自阿奎那的伟大著作《神学大全》的一个“条目”（article），这是他中年时开始为他的意大利学生撰写的著作。（“条目”是给予这部著作最小单元的名称。）在撰写这部著作期间，他由意大利返回巴黎，以承担另一个三年教授任期，巴黎归来后，他又在其出生地附近的那不勒斯教书。未及完成这部著作，他就去世了。《神学大全》是一部巨大的神学教科书，以设计非常简单的问题论辩展示，每个问题通常有三项异议（objections）、一项反论和一项局限于一个小主题的“答辩”构成。

上文择录的条目，提出了一种关于抉择的观点，特别指出除人类以外的动物没有抉择。但我们将看到，阿奎那没有采取二元论立场：人类是有自由意志的精神性灵魂，而动物是没有精神性灵魂的物体。正如他运用亚里士多德将事物分析为质料和形式的做法以阐明认识，他也运用此分析以阐明抉择。人类也是动物，有动物本能和欲望，但人类的欲望服从于对所欲求之物的客观本质和善好的进一步认识，这给了人类其他动物所不拥有的欲望控制措施。

异议1.质疑人与其他动物有此不同。表示所有动物的行 p.43
为都着眼于目标。阿奎那同意并更进一步。所有自然事物都寻求目标，即使它们不着眼于目标。所有事物都在自然中实在和活动，都参与存在和作为。在持续的世界进程中，每个事物都达成了其暂时的稳定性，我们称其为实在，都具有由其直接环境所支持的同一性。实在的事物变成了一个行动之物、一个施动者、一个此进程第二开端。硫酸一旦形成，就变成了腐蚀性变化的施动者，氢、硫和氧不可能独立达成此变化；一棵树一旦扎根，就会改变它树荫下的栖息环境。因为，这样的事物会为进程引入新的方向，阿奎那认为，可以说它们*寻求*推进此进程——寻求目标。这里的自然运动与被动运动相对。如果任何事物都受操纵或迫向一个目标，没有在任何意义上始于它或属于它的那种倾向，我们就称这种倾向为“暴力性的”；但如果受操纵的事物由其施动者承继了某种形式或偏好，这种倾向就变成了它本身的倾向，我们会称之为“自然的”倾向，好像它本身的天性以某种方式开启了它。自然物引导其自身，*寻求*它们自动倾向的对象。“这就是《智慧书》（*the book of Wisdom* 8.1）何以说神圣的智慧‘甜蜜地处置每一件事情’，命令它达成目标，*靠其自身的运动*(《论真理》22. 1)。”

所以，每个自然物都寻求目标。但动物更是如此。它们
p.44 的活动“着眼于目标“；它们知道它们的目标之为目标。自然物寻求的正是它天然拥有的这种确定的倾向：以其适合的方式活动。它不必自己决定这种倾向是否适合：具有不适合倾向的事物为环境所淘汰。另一方面，动物的寻求是一种情感性的敏感性，是因其适合而寻求某物，为了有用或快乐。因此，这种寻求更多是动物自身而非自然的寻求，由这种特殊的动物所意识到的事物所决定。动物的实在和参与持续的世界进程，譬如，程度要比植物更深：海鸥朝着海面俯冲

时，掠过海面几毫米而不触及海面，复又腾飞而起，这是不同于玫瑰的一种*自我*，后者对外界环境条件作出反应，却不知道环境包含的客体。海鸥是客观世界中运动的一个客体，它找到了其在那个世界中的位置，将自身与其他客体联系在一起。然而，如阿奎那所指出那样，当一个动物认识到某物有用或令其快乐时，譬如，当它看到猎物时，它的反应天然确定不易。所以，这种自我还不是人类动物所拥有的那种自我。

人类的倾向也基于意识，但人类知道客体不仅有用或令其快乐，而且有其客观同一性，与其他任何或每一个客体都有关联，在客观事物的体系中有其位置。动物的意识拥有的随机反应，关联着感知到的外在客体的有用或快乐，但人类能够修正其反应，出于更为普遍和客观的考虑。这种客观的人类意识起于我的感官的意识：起于我的情感性的敏感性（告诉我在我的世界中的外在客观事物意味着什么），我的理性告诉我，我的世界在真实世界中的客观含义是什么。我们 p.45
动物性的自我为客观环境包围，这就是我们具有理解力的心。因为，正如视觉对光具有易感性，同样，理解力，如亚里士多德所认为的那样，对存在具有易感性，对客体的客观性具有易感性。

而阿奎那的观点是，所有施动者都有目标，但程度不同。朝靶子猛烈射击，被动地服从开火的施动者；施动者不会将自身移向目标。但如果像一株活的植物这样的某物有朝向一个目标的自然倾向，可以说它是在移动自身，但方式由自然所固定；它的环境有自然原因，而它只是被动意识到环境。动物受意识驱动的倾向不仅有原因，而且动物按那些原因来指导自己，顺应着由动物种类的天性所建立的确定反应路径活动。对于这些原因，动物个体仍然是被动的。只有当这种倾向遵循能够检验原因的意识，而且反应路径针对关于目标之所是和客观上善好的目标之所是的某种概念时，我们才算真正拥有了自由的倾向，拥有了人类的自由意志。人类能意识到关于目标的观念。他们不仅因感官受事物吸引，而且能够将吸引他们的事物当作目标或拒绝之。他们也知道与目标关联的活动方式，从而能够建构其本身的反应。人的行动，在最完整意义上是自愿的行动：人类对看上去吸引他们的事物深思熟虑，对达成目标的步骤和结果有谋划，并且决定是否将其作为目标来追求。动物的活动在较低意义上是自愿的（一旦意识到目标，它们就想要追求，而不会预先谋划）。

到目前为止，我们关注的焦点集中在目标上。可是，我
p.46 们择录的段落关于抉择的谈论更多。根据阿奎那，这些概念有关联。目标吸引我们去行动，但除非靠达成目标的方法，我们就不可能追求目标。发现这种方法的过程，阿奎那称为深思熟虑（deliberation），采纳其为方法的行为，阿奎那称为抉择，而靠那些方法来追求目标的行为，阿奎那称为筹划（intending）。为了追求目标，我们首先深思可以推进目标的行动，还有可以达成的行动，而当找到我们能够采纳的方法时，深思就会停止，我们也就能够立即开始行动了。如果我

们发现达成目标的可能方法不止一个，就需要良好的教育指导我们深思熟虑以发现最合适的方法。

深思熟虑是我们理性的一种活动。在第二章中我们看到，在思辨性的问题上，理解一个理念意指根据在先的理念去理解它，而在先的理念要根据更先的理念来理解，直到迫使我们回到天然就理解的理念。但是，我们不必每一次都细数我们理解什么。我们的理性随着生活的进展而受到教育和充实。与此类似，在实践事务上，让我们获得自由意志的理性的深思熟虑，最终必定基于我们天然就理解的关于目标之所是的概念，并且基于天然意愿的对善的接纳。但是，我们教育我们的理性，由此教育我们的意志，也由此教育我们的情感，从而凭第二自然认识到善好的目标，可以说无须任何时候都回复到我们最原始的自然基础。我们教育我们自己引出善好的行动，可以说是出于我们意愿向善的一种自然倾向，这是此前受教育的成就。

请注意，对于阿奎那而言，甚至自由意志也在某种意义上被决定了。我们天然倾向于意愿任何向我们的理性呈现为善好而值得追求的事物。说意志是自由的，首先意指没有特殊客体能迫使我们*行使*意志，因为，无论它是什么，我总能够决定不考虑它，也从而甚至不让其呈现于我们的意志。其次，没有什么世间的客体能够完全满足我们的意志。如果它能，则当其本身呈现于我们时，我们天然就会被迫意愿那个事物，拒绝与其相反的事物。但极少有*事物*从任何观点来看 p.47

都是善好的（事实上，只有一个事物，那就是上帝，而我们关于上帝的知识不足以认识他）。有从任何观点来看都善好的事物的*理念*。阿奎那认为幸福就是这种理念。以幸福他并非意指某种幸福感，而意指完满。我们禁不住意愿完满，这是他的看法。的确，在他看来，意志意指渴望完满：意愿*就是*意愿完满。我们发现这种看法难以理解，因为，我们习惯于认为意志就是意志力（willpower）。在阿奎那看来，意指不是意志力，意志是意愿嗜好（willweakness）：它是嗜好或为任何使善好的任何事情、令人幸福的任何事情完满的事情所吸引。但在这个世上没有堪称在任何方面都善好和令人幸福的特殊之物，所以，我们总可以自由地认为它在某方面并非善好，也因此，我们可以自由地拒绝它。

然而，我们能够接近一个更确定和强大的意志，尽管它天然自由，却被第二自然决定。这就是我们上文所谓“受过教育的意志”（educated will），而且，阿奎那认为，只有当教育朝向一种他称为道德德性（moral virtue）的第二自然时，它才是好的教育，如果这种教育朝向道德恶，则是一种坏教育。拉丁语认为自然物具有“德性”，这个词意指“完全实现的潜能”，衡量标准是将潜能发挥到极致：譬如，马的德性就是其所能达到的最快的速度。事物如何获得这种德
p.48 性，取决于我们思考的是何种潜能。自然施动者，如硫酸，天然有其德性，可以说，这种天生就有的德性，是大自然母亲为生命安排和准备的。人类和其他动物的感官力量的发

展，是由于外在事物作用于其上的活动。但是，在外在客观事物能够触发其活动之前，必须有对其本身发挥作用的能力，必须自己准备这些能力。譬如，我们必须学会欣赏某种音乐，在那种音乐能影响我们之前，或学会如何倾听别人，在我们能够听到他们在说什么之前。属于这种能力的德性要求以稳定的性情（或*习惯*）实现这种能力，尽管它们不会触发直接的活动，却为环境对其提出的要求准备好了活动能力。

人类能够以不止一种方式行为，通过设定其本身的目标和抉择其本身达成它们的方法，能够应对突如其来的环境变化，在这种环境中得体活动需要一种倾向于得体活动的能力。人类也许天然具有普遍向善的倾向（意志，如阿奎那所理解的那样），但人必须靠实践学会实现那种倾向的最佳方式，针对此生特殊的善好。这种实践是一种自我教养，有我们生活于其中的共同体相助——一种将善好的抉择自然化的方式，从而使我们自身产生抉择善好的第二自然，阿奎那称其为道德德性。

并非阿奎那称为德性的所有性情都是道德德性。有些性情帮助我们正确或不正确地成就某事——技能，譬如，语法和科学。但有些性情是道德德性，有助于人类做好这种事情，按照抉择和深思熟虑的恰当规则，并对善好本身葆有正确态度。这些道德德性为我们的理性带来了平衡（阿奎那称为明智），为我们的对待他人的行动带来了平衡（正义），也为我们行为的情感准备带来了平衡（勇敢和节制）。的确， p.49

因为这些德性，不像技能，不会使已成就的事物完善，而是完善人成就事物的做法，阿奎那相信这些德性都是一个整体的部分，这就是让我们的生活服从理性。您不能有一种德性而无其他德性，他认为；道德德性一荣俱荣一损俱损。它们，如阿奎那所认为的那样，联系在一起。

在我们现代世界中，可以对阿奎那做如下理解。新生儿受环击它们的感官世界支配。逐渐地，它们所经验到的欲望和恐惧建构起了世界之于其作为动物的重要性。那种结构，部分由物种决定（阿奎那称其为它们的*自然*欲望），部分由个体决定（它们的*动物性*欲望），部分对于人而言由客观条件决定（*合理*欲望）。这种合理欲望就是阿奎那所指的意志。在此水平上，孩子的动物性欲望和恐惧本身以一种不向动物敞开的方式外在化了。欲望被经验为环击一个新的更为内在的自我的某物，以感官世界环击新生儿的方式。个体的自然和动物性的爱，要评估其客观满意度。这就是规定了人类的（至少是一种理想的）人性的内容。人似乎有一种客观的不满，在其注意到由以实现其客观的善好、也就是我们自己的善好的内在欲望和恐惧的不完美方式时。当注意到这一点时，我们在我们自己之中发现了这种新的内在，这种人类意志朝向一个更为完整一致的自我。我们不仅希望保存我们的自我，通过认识外在于我们的世界——任何高等动物都是如
p.50 此。我们还希望满意地重组我们的自我，按照一种新的更好的自我的意图。而且，如果那种意图真的客观，它就必须符

合宇宙本身的意图，如果我是宇宙的作者，我就会构想出这种意图。这不可避免引出了宇宙的实际作者的意图，如果宇宙有一位作者的话。这解释了，为何在发达社会中道德和宗教似乎总是携手前行。对于任何配得上他们的神的虔敬的人（假定他们的神也配得上他们）而言，必定有一个由上帝为宇宙设定的意图，这个意图或许能够启示给他们，他们也能够收到这个意图，这就是上帝对世界的一种爱，他们想要贯彻并且从而回应这种爱。

5

人的自主

p.51 **[1] 没有法律是永恒的，似乎……**

答辩：法律无非就是一个成熟社会的管理权威的实践理性所设计的条令。但是，尽管世界受神圣天意支配，上帝的理性统治着宇宙社会之整体，上帝的统治计划作为宇宙的权威，具有法律特质。而且，由于上帝所计划的所有事情都是永恒而非暂时的计划……我们必须称其为永恒法。

[2] 我们自己似乎并没有法律

因为，……人类活动并非自然规定的目标，以自然本能为非理性受造物规定目标的方式；人类行为的目标出于推理和意愿……

答辩：因为，法律是衡量行为的规则，法律以两种方式存在于事物之中：它存在于衡量事物

的统治者之中，以及存在于受统治和衡量的事物之中（因为，受衡量的事物分有衡量它的尺度）。 p.52
所以，很清楚，每个服从上帝天意的事物都由永恒法统治和衡量，它在下述意义上分有那种法律：它倾向于其本身所当有的活动和目标，这些倾向由那种法律印在其上。但在这种事物中，理性受造物服从神圣天意的方式更为卓越，他们参与天意本身，为其自身和他人作出安排，所以，他们也参与真正的推理，这使其天然倾向于其所应有的活动和目标。正是这种由理性受造物对永恒法的参与，我们称之为“我们与生俱来的法律”……所以，很清楚，我们与生俱来的法律无非就是理性受造物参与永恒法的方式。

结论：

针对2：我的答复是，理性和意志的每一种活动，都源于我们与生俱来之物：所有推理都基于天然所知的开端，所有达成目标的意愿方式都出自对我们终极目标的自然渴望，也同样，首要指导我们达成目标的活动，必定是我们与生俱来的法律……

[3] 似乎没有人法……

答辩：法律属于实践理性的条令。然而，理论理性和实践理性的行事方式相同，都由前提得出结论。所以，我们应当期待，正如理论理性由不可证明而天然所知的前提得出各种科学的结论（知识并非天然印在我们之中，而是由理性的艰苦劳作发现的），也从而，由我们与生俱来的法律条令，正如由不可证明的普遍前提，人类理性
p.53 需要达成对事物的更为特殊的安排。既然它们遵守法律所要求的其他条件，这种由人类理性产生的特殊安排，我们称之为人法……

结论：

针对1：我的回答是，人类理性分有属于上帝理性的条令并不完全，而是以其本身的不完满方式来分有。正如我们的理论理性天然分有上帝的智慧，知道某些普遍前提，却不完全如上帝那样知道每一个真理，所以，我们的实践理性也天然分有上帝的永恒法，以某些普遍条令指导我们，但不深入上帝的律法包含的所有细节。所以，人类理性必须发挥作用，为上帝的律法制定特殊用途。

《神学大全》（*Summa Theologiae* 1a2ae 91.1-3）

这些段落择录自《神学大全》的三个连续的条目，处理

法律主题。上下文连贯起来饶有兴味。我们在这部《大全》第二卷中看到，处理的主题是关于人类行为的伦理学。阿奎那投入最后差不多200条目讨论他所谓人类行动的内在来源：我们有能力推理和意愿，教育加强（或削弱）那些能力，使其行为良好（或糟糕）——我们的德性和恶。这就是最后一章的焦点。如此，阿奎那转向他称为从外在影响人类行为的事物。他论及两种：魔鬼诱惑我们作恶，而上帝激发我们行善，以法律教导我们，以恩典襄助我们。这是两种完全不可等同的影响。魔鬼我如今称其为“超自然的”实体，意指一种超越自然的事物，如恶灵、地精、占星术和巫术——幻想文学的主题。阿奎那认为，尽管这种实体也许实在，但相对而言不具有伦理上的重要性：超越自然的存在，它们外在 p.54
于、也无法进入我们的自然、理性和意志，这些才是人类行动和行为的真正来源。然而，上帝是一种不同的事物：如果我们说他是“超自然的”，他却不是的，因为，他超越自然是由于他是自然本身的作者，也从而既内在又外在于自然。上帝的真实性就是他所用方法的真实性：法律既是内在的也是外在的（道德律是内在的，而社会的法律是外在的），而上帝的恩典和支持既可能是内在的启示，也可能是外在的事件。

上文择录的段落焦点在于法律的内在性和外在性。前者始于阿奎那著名的法律定义：理性的条令，适用于一个完全成型的社会，由任何有权威统治社会的人设计和公开颁布。人类天生具有社会性，不仅在生物学上如此，在政治上也如此。过善好的生活，不仅是一件个体为了其自身的目标明智行事的事情，而且是政治共同体中的公民运用公共天意或明智来计划合作行为以达成共享目标的事情。法律是一种共同追求某种公共之善的工具，是一种公民（citizenship）机关，拉丁语中用同一个词指文明（civilization）。我们的公民概念由远为晚近的哲学家铸造——譬如，意大利哲学家马基雅维利（Machiavelli），还有英国哲学家霍布斯（Hobbes），他们相信一个国家或城邦就是一种交托给某个核心权威的契约，对天生自私的不情愿的个体有强制作用。阿奎那，像亚里士多德那样，认为契约是城邦相互协商以避免战争的方式，认为在城邦当中法律的目的是其公民的自我实现。“要不然，法律就变成了纯粹的协议，担保人们彼此冲突的权利，而非一种生活的规则，从而可以教育其公民具有公共之善和正义。”结果，阿奎那所设想的权威，不同于马基雅维利和霍
p.55 布斯。权威（Authority）与创制权（authorship）是同一个词，法律的权威并非来自它如何获得（来自权力），而是来自它如何创制和组合（其合理性）。“君主的意志”，如果它不合理，就是僭政和非法，阿奎那认为，这种君主的法律无权威性。人民的意志也可能无权威性，如果它不合理。

这一点表明了我们择录的三个段落是如何连接的。它们分析了法律如何“创制”，在法律中看到对上帝本身的天意的分有，上帝是法律的第一创制者。第一段话大胆表明，法律实际上是上帝本身的一个名称，就像智慧或善，这些词语

一开始出现谈论的是人类，只是后来才无隐喻地应用于上帝本身。上帝就是一种神法（God-law），一种永恒法，而上帝的永恒计划，作为宇宙的共同天意，将法律引向作为其公共目标的上帝。在第二段话中，我们获知，如果上帝就是一种法，那么，人也是一种法，人自身有阿奎那所谓“自然法”（natural law），反映神法的自然理性之光。事实上，“自然法”的译法极具误导性。我们在日常语言中用它指自然科学所揭示的法则。但是，阿奎那谨慎区分了“自然法”和自然法则（laws of nature）。上帝将法律写进了所有受造物的自然本能（称其为“自然法”），但他将成文法（law-writing）本身写进了我们的理性［所以，毋宁可以称为“自然立法”（natural lawmaking）］。理性规定了全部自我约束和所有制定法（enacted law）的第一条命令，阿奎那总结为*趋善避恶*；由此首条命令，通过对我们自身和世界的论证，就引出了很多次要的由推论得出的命令。人类制定法构成了那些次要法律的部分：作为社会性动物，生活在有合法权威的共同体中，我们使首条命令对我们更为明确，通过更为具体的道德 p.56
指南。在这些道德指南中，有些应当为全部共同体所明了（阿奎那称其为“人民的法律”，而我们称其为人权），但也为民法（civil laws）留下了空间，特定的历史群体以此制定了实施普遍模式的特定方式，这些普遍模式是由理性以一般方式制定的。具体规范与这些模式不一致，不符合正确的理性，就不具有法律特质和效力，它们是恶法，事实上就是非法的形式。

阿奎那的法律观从而就是：法律的权威或创制权源于上帝，以人类自主运用的理性为中介。“自然法”不是已经写在我们心里的关于义务和权利的法典，就像上帝将我们的自然本能写进我们心里那样；自然法是必须由我们具体书写的法典，运用上帝赐予的理性。所以，在某种程度上，我们，像上帝一样，就是达于我们自己的法律，但仅当我们按照理性来筹划时才如此。基督教会，幸赖其捍卫阿奎那将合理性概念作为衡量法律的标准，但教会常常使用“自然法”概念来限制其所内涵的人的自主。譬如，虔信的人民面对现代的立法事务，如堕胎、克隆和安乐死时，倾向于谴责立法者“扮演上帝”。但是，阿奎那的“自然法”观点，清楚*要求*人类扮演上帝。问题必定在于，立法者是合理地而非任意地扮演上帝，但这远非很多虔信的人民所认为的那样容易确定。

“自然法”的内容尚不确定的方式有三：第一，它不是制定法，而是法律原则；第二，它是对具体行动的抽象表达；第三，它将往往是主观的事物客观化。让我们依次考察
p.57 这三种方式。首先，自然法告诉我们从何处开始，其余则留给我们处理；它提供给我们的不是完整的工具包，而是我们自己制造工具的手段。*趋善避恶*是第一条原则——它包含的内容只是起点（表达了善在实践中意指什么）。这样一条新的原则付诸具体实践，要靠我们自己的经验和他者（包括上帝）的建议，正如第二章中所说的那样，我们形成关于事物

之所是的理论观念（譬如，什么是音乐，或什么是仁慈），要从原初的实在之所是的观念出发。然而，这种原则是态度而非声明，意味着要运用而非申明——它们是结论的种子而非表现为结论本身。*趋善避恶*，可以用言辞表达出来，但它所申明的内容却并非清楚呈现在我们的理性的本质和我们意志的本质之中——它只是原初的自然定向和对善的忠诚。

所以，自然法不确定的方式是，要理解的任何基本和主要的内容都不清楚，无论关于理论的理解还是关于实践的理解。但是，有第二个不确定性，这是实践事务的特征。理性指导实践活动靠争辩。但行动一旦不再仅仅是提议，变成了实际的所作所为，就脱离了任何有限的抽象眼界，进入了无限具体的世界；行动变得与所有其他事实相关，与所有其他所作所为相关，后者不计其数和不可估量。事实上，每当我们行为，我们就在“扮演上帝”，因为，我们把这种不可估量的真实存在赋予了我们理性的一种产物，这是在摆弄宇宙本身。这是一项沉重的责任——摆弄宇宙——我们给它的名称是“道德责任”。我们如何确切知道我们所做的事情的全部具体结果呢？处境的变化能够彻底改变一项行动的道德意义。在思辨性的思想中，我们目的所向是这样的结论：它们在每一种处境下对每一个人都同样是真理和正确，但在实践事务上，不存在这样的正确性。人应当归还他们借别人的东西，这在大多数情况下是正确的，但如果归还的是枪，会用在他隔壁邻居身上，又如何？或许，有人认为能够针对每一

p.58

种处境分别立法，这可能吗？但是，如阿奎那所言，写入法律的处境越多，存在漏洞的机会就越多。实践性思维不确定，因此，在第二种意义上不具有普遍性：不存在法律所能规定的每一种情况下都好的这样一种行动方案。相反，以我们称之为“德性”的受过教育技能，我们的目的所向是在此时此地的处境中看起来好的行动方案。

还有第三种不确定性。人的行为无法为外在行动所穷尽，这种行动出于内在情感，出于欲望和恐惧。人在某种程度上能够为外在行动立法——所欠金额就是要偿还的金额，借的枪大多数情况下都应归还——但我们无法为情感立法。用亚里士多德的话说，我们能够衡量在正义问题上所应持守的平衡，但在情感问题上所应持守的平衡则因气质不同而相去甚远——对于一个人而言，算是勇敢和节制，对于另一个人而言，就不一定是勇敢和节制的好标准。

所以，无可逃避的责任是“扮演上帝”的责任，是运用我们的理性具体得出什么才是普遍的善和恶（这是阿奎那
p.59 《神学大全》很大一部分内容所处理的问题），什么才是我们生命不断变化的处境中的善和恶（这是我们每个人每天都必须处理的问题）。在我们所择录的段落稍后另一条目中，阿奎那举例说明经验如何才能开始实现其趋善避恶原则。他说，首先遵守人类的天然倾向：人人如此，人类的目标是个体的自我保存，每个动物也如此，它们的目标是物种的自我保存，通过雌雄结合和养育孩子，每个有理性的事物也如

此，都以认识真理创造和平的社会为目的。但人们立即会看到，践行自然法的细节则脆弱地依赖于人有何种经验和如何从中推出结论。换在如今，阿奎那还能如此充满自信地说，每个动物都以雌雄配对和养育孩子吗？即使他有这样的自信，他会发现它们都以同样的方式行事吗？他能坚持认为一夫一妻制关系和已婚家庭生活是由自然法规定的吗？阿奎那认可，个体的自我保存作为一条自然法原则有其限度——有些处境中，可以合法剥夺生命，有些处境中，一个人可以为另一个人献出生命。同样，在有些情况下，正常的交配和教育不是也可以忽视吗？提出这样的问题，将自然法的概念置入了观察视角——这不是穿越自然推理的捷径，而恰恰是上帝要求人运用自己对何为正确和错误作出推理。

诉诸自然法作为捷径，如今已司空见惯，当教会想要反对他们所认为的性变态时。所以，在本章中我想进一步考察
两点：阿奎那对性的态度和主张有组织的宗教是立法权威。 p.60

阿奎那在几处讨论了性：当他沉思，在伊甸园里发生了什么，激情是否如斯多亚派（Stoic）哲人所认为的那样邪恶（否！），贞洁是不是一种德性（是！），立誓禁欲是否合法（是！）。不像早期（后来确实也不乏其人）神学家，阿奎那绝不反对性快感。他拒斥一种传统做法：将一代人到另一代人的原罪传递，与非法享受生育行为本身联系起来。他认为，以非常方式在性行为中追求快乐是不可能的，但这并非意指（如奥古斯丁派显然如此），快乐有可能过多，而意指，

人不应该以快乐为借口行事，否则就不公正。他指出，不仅无罪的亚当和夏娃也会在伊甸园中交媾（某些早期的教父否认这一点），不仅他们也会以此为乐，而且，由于他们处在无罪状态，他们会由此获得更多快乐，相较于其受到驱逐的后继者。尽管他也承认，生殖器的运动，就像心脏的搏动，并不服从理性，而且，交媾的时候往往会分散我们的精神注意力，但他不承认沉溺于性因此就不合乎理性。要是那样，人也可以认为入睡不道德，他说。

当我们谨慎研究他严厉判断性犯罪的段落时，我们发现这种严厉完全不是根据厌恶快乐或过度快乐，而是基于所导致的不义，这有可能影响性伴。我们不会认为理解他的论证有困难，如果我们想一想强奸或儿童色情，但在我们生活的
p.61 社会里，通奸对一个人自己或其性伴的配偶不义，或者对私通中的处女的家庭造成的不义，却无人关注。阿奎那讨论正义时没有讨论这些问题，而是在讨论节制性欲时讨论了这些问题；尽管如此，在定义不同类型的性犯罪时，他恰恰诉诸它们所造成的不义，而且，在评估它们的相对严重程度时，他将它们造成了多少不义采纳为一条标准。快乐，在阿奎那看来，是一种善，但远非唯一的善，更不是最重要的善。

关于阿奎那，还可以说，他不是假正经。可难道他是性别歧视者吗？他传承了一种不发达的生物学，他重复了亚里士多德的观点，认为女性是一种*未获成功的*（manqué）男性：人的精子*本想*生男性，却由于不利环境，诸如南风带来

的湿气，偶然生了女性。但正是在这一点上，他固有的合理性提醒我们，无论可以是说人类精子的意图如何，自然整体的意图，显然是生产与男性一样多的女性，事实上，它是大自然的意图，也就意味着它是上帝的意图。他引述了保罗（Paul）的说法，在基督（Christ）的身体里——蒙受新恩典的社会由基督引领——既没有男性，也没有女性，这意味着，就其基督徒身份而言，不能有任何歧视。可是，像他之前的保罗和他之后的现代教宗（popes），阿奎那从属于他的文化和时代，他相信男人和女人在社会中有不同角色；譬如，只有男人公开在教会中讲道，尽管他补充说，女人在家庭中可以任何方式教导孩子。阿奎那是一个厌恶偏见的男人，而且极具公心，但他毕竟是一个男人，而且是一个中世纪男人。

关于有组织宗教的主张和权威，阿奎那认为宗教对于人而言出于自然，因为，他认为宗教对于理性而言也出于自然。他采取的论证极为精妙地证明了上帝的存在，他认为这 p.62
是每个人心里所理解的世界的表达方式。正如我们首先看到世界，然后看到我们自己在世界中，作为立足点，我们由此来看待世界，他也认为，我们意识到世界，就像我们属于另一个立足点，这先于世界属于我们。我们在世界上活动，差不多和我们在他人的房间里活动是一样的，注意到我们是客人而另一个人是主人。所以，我们自然而然，时不时倾向于表达我们的感激——他认为这就是宗教。作为共同体、城邦和国家组织之一部分，宗教也有组织。它与立法有特殊关系，因为，它涉及对立法者的承认。但正如从认识到我们存在于世界中，到认识到我们是何种人，有一段很长的路要走，感知到上帝的存在，与认识上帝之所是相去甚远。有组织宗教的大多数努力，都把这件事情搞得一塌糊涂。古代以色列（Israel），他承认是例外：众先知开启了净化上帝之所是和上帝是谁的规划，这个规划密切关联对以色列男人女人的道德行为的权威主张，尤其对他们的王和祭师，对他们的立法者。古代以色列的人法——其成就自然法的特殊方式——最接近如其所是地启示上帝。他认为十诫就是自然法最简明的表达，明确发布禁令要富人尊重穷人，要祭师不要让庆典和会堂仪式高过仁慈和慈爱。但随着耶稣（Jesus）到来，阿奎那认为，甚至这种法也被超越了。一种新法，写在那些追随耶稣道路的人的心上，超越了摩西（Moses）写在
p.63 石板上的旧法。阿奎那认为，这种新法在世间的保卫者就是有组织的天主教会（Catholic Church），教宗位于其中心。道德教诲和传授自然法，是那个教会的一项责任，但阿奎那非常明确，不认为教会连同其教宗是一个替代性的政治组织，它有一个君主可以替代神圣罗马帝国皇帝（the Holy Roman Emperor）。只有在即将到来的上帝之城中，才会有一个社会和一个君主，有一部法律完全以精神化的方式存在于所有公民的心中。在此期间，还会有不同的国家，这些世俗组织义不容辞要运用其自主的人类理性，由自然法中发展出人法，以追求公共之善。

6

失　序

p.64 人类的身体看来是一种不适合理解力为其赋予灵魂的身体

1. 因为，质料应当符合其形式；而理解力不能分解，所以，它不应该为这样一个身体赋形：它能……

4. 此外，形式越完善，其质料也应该越完善；但是，理解力是所有生命形式中最完善的生命形式，所以，既然其他动物的身体天然有保护（被毛发和穿脚蹄），而且天然武装有牙齿、犄角和爪子，看来理解力不应当为一个较不完善的身体赋予灵魂，它被剥夺了所有这样的辅助物。

反论：亚里士多德将灵魂定义为天然有组织的具有生命能力的身体的实现。

答辩：因为，质料服务于形式，而非形式服务于质料，形式必定可以解释其质料的特征而非相反。既然人类的生命形式在自然等级秩序中是最低级的理解力，不（像天使）生来具有关于真理的知识，人只是靠感官经验从空间中的事物中拾取真理。所以，自然——由于它总是提供必要 p.65 之物——必定会为这种生命形式补充理解能力，一种能够感知的能力，而且，由于这需要一个身体器官，所以，人类的生命形式必定会为一个为了感知而组织起来的身体赋形。可是，所有感觉都基于触觉，后者需要一个器官，在其必须感知的相反品质之间保持平衡——不太热，也不太冷，不太干，也不太湿，以及如此等等——以便能够探知和感觉它们。身体器官越平衡，其触觉越敏锐，而且，由于一种理智生活形式需要最发达的感觉能力（高级形式在低级形式停止之处继续之），它需要为一个由元素构成的身体赋形，以最大可能的平衡方式。这就是为什么人类的触觉要比其他动物的触觉更敏感，而在人类中最敏感的人也最聪明：*娇嫩的肉体和敏捷的头脑相辅相成*，亚里士多德如是说。

结论：

针对 1：我的答复是，有人或许希望通过下述说法逃避反对意见：在亚当堕落之前，人类的身体也不可能分解。但这行不通：在堕落之前，亚当是不死的，并非天然如此，而是上帝的恩典使然，要不他就不会失去其不死性，所犯的罪比魔鬼犯的罪还要大。所以，我们必须给出另一种答复：任何质料都有两面性，一方面适合它所选择的形式，另一方面适合其不可避免的伴随物。譬如，木匠用铁作锯子，因为，铁能切入硬物，但不可避免的后果是锯齿钝蚀。同样，一种理智生命形式需要一个构造平衡的身体，但不可避免的后果是它会分解。如果某人说上帝能够避免这种不可避免性，我们给出的奥古
p.66 斯丁式的答复是，当我们研究事物在自然中的存在方式时，我们必须通过适合这种自然的事物来判断，而非通过上帝所能做的一切来判断。在任何情况下，上帝都以其恩典为死亡提供了解救之道……

针对4：我的答复是，有理智的生命形式具有普遍意识，也从而具有无限潜能。结果，自然不可能为其提供一套确定的本能反应，也不可能提供给动物这种防御机制和保护性的覆盖物，因为，动物的意识和潜能局限于特殊方式。相反，自然给予我们理性和双手——工具之工具——我

们以此能够为无限的任务制作我们自己的无限的工具包。

《神学大全》（*Summa Theologiae* 1a2ae 13.2）

到目前为止，我们考察了阿奎那在这个世界中所发现的秩序。在某种持续的流动中，出现了稳定持续的交互实体，它们每一个都有它们自己的故事，助力将此流动变成各部分秩序井然的进程。上帝处在此流动之外，天意永恒不变地为此进程整体设计出一个故事。在稳定的实体当中有人类，独一无二具有理性，要求他们自主参与上帝的天意，通过教化他们并以对其最好的各种方式为世界带来秩序，这就是“扮演上帝”。在上文择录的段落中，我们首次碰到了失序问题。如果上帝和人类都争取秩序，失序又从何而来？谁为此负责？世界中的失序是上帝过错，还是人的过错，还是两者的过错？

*反论*提醒我们，阿奎那以形式或灵魂意指什么：那就是给予一个稳定的实体以其生存技能而不退回到此流动中，给予其一种现实性及其本身的实在，使其免于解体。这是人类 p.67
的推理能力和理解推理的能力。所以，我们择录的段落提出了这样的问题：人类的身体是否完全适应智力的成功保存。阿奎那回答说，具有理解力的成功的生命，要求有能力吸纳

其他每一种事物的存在方式，其前提是想象力——一个动物的立场对其他事物的有意义的存在有意识，其前提是触觉，这是一种接触和分辨事物的精细能力。这是人类身体的构造给予我们的能力，因为，“自然总是提供必要之物”。这句话引自亚里士多德，我们今天可以从任何一本涉及进化论的小学课本中引一句话来替代它，这句话说的是，如果自然没有提供必要的身体，人类和人类的理性都将不复在此。

在此阿奎那再次反对柏拉图式的和后来的笛卡尔式的观念：心以非物质方式活着，而身体以物质方式活着，两者结合为某种强制婚姻。在阿奎那看来，我们的理解力和我们特殊类型的提供器官的身体构成一种自然，在世上享有一种自然现存——一种统一的现存，赢得了直接的生存环境的支持，还有超出此环境之外的宇宙的支持。两种活动，心的活动和身体活动，合作构成这一种现存，但只有一回事：既是有身体的智力，也是有智力的身体。智力需要身体作为器官来现存于宇宙之中，如阿奎那在“答辩”中所阐明的那样；亦如其针对“质疑4.”所阐明的那样，身体需要智力，从而使无脚蹄和毛发成为一种德性而非缺陷，并使双手和理性成为维持生存的能力。

择录的段落中，“质疑1.”及其“答辩”读来栩栩如生。
p.68 质疑者表示，理解力本来会拥有远为幸福的生命，如果它能实存而无身体，因为，理解力本身不会在时间中分解。这种情形，一位中世纪神学家有可能会说，我们在天使那里看得到，后者被认为是永恒实在的纯粹智能。身体带来了解体、死亡和痛苦——所有这些都是我们的理解力所反感的事情。如果我们的智力必须有一个身体，有没有可能存在过一个更好的身体，一种不可分解的身体？中世纪科学理论将这种身体归结为太阳和恒星之所为。或许，那真的就是上帝在伊甸园中给过人的那种身体，亚当（希伯来语意指“人类”）因原罪导致自己和我们失去了它。阿奎那不会容许这种说辞。在他看来，我们的智力需要它的身体，死亡和分解，作为身体的自然缺陷，也是人类的自然缺陷。它们是所有物质的一部分本性，不可能立即复原；所有善都附带着天然的恶。同样是铁，用它制作锯子很好，因为它硬，可是，用它制作锯子也不好，因为它会锈蚀。然而，阿奎那的立场引出的问题，我们如今成为恶之难题——一个善好的创造者（上帝）与恶是如何在创造时结合在一起的？

不仅物质会带来伴随的失序和恶。阿奎那承认，创作中的第一个伟大区分不是精神与物质，而是善与恶。如果世界有一个创造者，那么，实在就是偶然的礼物和恩惠，不是事物本身所拥有的某物。所以，它是受造物会失去的某物，全部失去或部分失去。通过将善恶之区分列为基础，阿奎那确认了他的时代他称为最大的异端力量——阿尔比派（Albigensian）或摩尼教（Manichaean）异端。圣多明我（Saint Dominic），阿奎那所属修会托钵修会（the Order of Preachers）的奠基人，他一生大部分时间致力于布道反对的这种异端，分布在 p.69

法国南部的阿尔比（Albi）地区。阿尔比派认为，物质和物质事物，像生孩子，都是恶。善与恶并非一次创造出来，而是两次创造的，有两个不同的创造者。阿奎那确认，善与恶的区分是一种基本区分，但这是一种受造的区分；不是神界两个上帝之间的斗争。阿奎那认为这些异端阿尔比派，甚至比异教徒错得更离谱。

在他看来，好与坏的区分，就如在场与缺席，但这种区分不对称。坏的真实存在方式，不同于在场的真实存在方式，而与缺席的存在方式一样。坏，就像失明，而不像视力：坏缺乏好的方式，正如失明缺乏视力。根本而言，正是靠实在，世界才是好的，但实在之物有可能不够完满。事物的实在靠继续存在，靠赢得其环境和宇宙支持，靠“指望”宇宙；但是，在阿奎那看来，没有可能立即拥有所有善而不伴随任何不和谐。宇宙之整体，事实上因为包括某些缺乏善的事物而更好，通过其不再存在：火必须消耗空气来燃烧，熊猫吃竹子，狮子的善就是羚羊的恶。有办法改善条件以便更公平，但要宇宙中无任何恶，则绝无可能。没有任何事物天然邪恶，没有任何邪恶之物与宇宙的主题框架有关，但有些事物的邪恶与宇宙的特殊部分有关，但即便如此，恶也是其他某种特定事物的善。

正如有自然的恶——痛苦、死亡和疾病——也有道德的恶，尽管只有人类才有。勇敢面对痛苦和安然享受快乐，唤起了人类更大的善，出于善意之善（the good of goodwill）。

我们完全能够善意合作，或者不合作。恶意（badwill），就是一种善意的匮乏，就是道德之恶。在阿奎那看来，这正是 p.70
对宇宙中心——上帝之善意——的拒斥，而且试图以我们自己的意志取代善意。这种当受责备的善意，就是基督教传统所理解的罪——不是以打破法律来定义，如旧约中之所为，而是以失于合作致力于善。这是当受责备的缺陷，不是苦难，这是世界中真正具有解构性的因素；苦难剥夺我们特殊的善，有时候是非常根本的特殊的善，但错误的意愿剥夺我们的善本身。

那么，上帝为什么会容许这一点？道德之恶总是由追求某种善引起，阿奎那说；绝非直接作为恶引起或意愿，而是某人容许它作为一种伴随结果，他的本意是人们作为善的目标。但这种平衡是错误的：紧接着行为者的善的累积水平，高于伴随善的对自己和对他人、对社会和对世界的恶。股份持有者积累的利润超过了对消费者的伤害。谋杀者所获的善超过了受害者的伤害。然而，在追求某种善的时候，行为者犯下某种恶行。这是怎么回事？所作为所谓之事中的自然恶，源于行为者或所用材料的自然缺陷（这意味着施动者有缺陷是由于没有找到正确的材料）。但道德缺陷并非源于施动者的某种自然缺陷——能力本身的任何缺乏。的确，这种缺乏往往为行动开脱了道德罪责：行为者不得已，或不知道她在做什么。道德缺陷不是能力缺陷，而是能力施用上的缺陷，这种行动没有正确服从于理性的平衡。我们的判断缺乏

平衡，本身不是道德缺陷，直到施动者容许这种行动发生的
p.71 那一刻。道德之恶是施动者将平衡之缺乏自由引入了当时的行动。行动本身作为一种自然而然的行动毫无过错，的确是上帝引发了这种行动，通过给予其实在。但是，上帝并未引起其中的秩序之缺乏；缺乏是其自由的受造物的自由创造。

在阿奎那看来，作为造成世界秩序和和谐的一个后果，是上帝引发了自然恶和苦难。甚至连神圣全能也无法创造这样一个有限的世界：其中的自然恶不会伴随着善。在认识到这一点的情况下，上帝的抉择是创造这个世界，所以，他能够为世界中的自然恶负责。但是，如果我们有全能，我们真的会因为那些伴随的恶作出毁灭世界的抉择吗？阿奎那认为我们不会，而且，责备上帝从而不是真的责备。实事求是的做法是接纳这个世界，并且负起我们自己所当负的责任。我们能够尝试承担的责任，就是圣经所谓创造亚当来承担的责任：进入作为花园的世界，耕耘它，保护它。人类禀有理性、自由意志和自主性以规划秩序和立法，以分有上帝创造之天意。人类在创造中的这种角色，表明了创造者甚至为什么会容许道德之恶。容许犯罪是容许有自由的一种无可避免的后果。自由是我们并不就按某人指定的那样行为的能力，而是我们由自己的推理和爱指导我们行为的能力。上帝容许这种自由进入他的创造，因为，他的全部理念就是让宇宙自下而上创造自身，通过产生人类并让具有自己的自由意志的人类帮助宇宙建立秩序。在阿奎那看来，宇宙可败坏的部分

当然低于不可败坏的天体——可败坏的这部分宇宙叫地球——召唤人类耕耘它和保护它。对于我们而言，这就是宇 p.72
宙整体。

圣经故事叙述了亚当蒙召唤以耕耘花园，还叙述了亚当的抉择是背弃上帝自己在这件事情上的说法：这就是亚当堕落的故事。结果，亚当将疾病和死亡、艰辛和敌对以及一个血淋淋的大自然传于后世。在这个故事中，如阿奎那所承认的那样，自然缺陷显然被归咎于一位有罪之人的道德行为。圣保罗在新约中对这个故事的解释中，在圣奥古斯丁对此故事的运用中，通过亚当之罪的普世性与普世人类需要基督教洗礼，这种道德罪责从而传递给了每一个人。它变成了一种原罪（以此意指每个人从一开始就犯有的一种罪，由出生这个事实所导致）。阿奎那指出，这种罪不可能是每个人个人的罪——一种个人的罪必定是一种自由的个人行动，而人的出生并不是这样的行动。但是，阿奎那认为每个人的出生，还有出生在一种有缺陷的自然状态中，亚当对此负有责任。他本来有机会获得更好的结果。所以，我们并非都在*犯*罪，而是我们都为一种罪行所困。

如今，伊甸园被当成了一个神话而非事实，而阿奎那的原罪继承理论基于其上的生物学观念，已被证明具有致命缺陷，阿奎那所说的一切，真的无可救药一团糟吗？我们能推断阿奎那还会说什么吗，如果他活在今天？我认为我们能。阿奎那会指出圣保罗为什么会接纳基督教所继承的创世故事

中的解释。保罗说，耶稣和他的死亡作为救赎不仅事关个
p.73 人，而且是人类整体的命运。他试图解释为什么人类整体，
不包括耶稣，会失去其目标。保罗和阿奎那认为他们在亚当的故事中看到的，乃是一种使人性的自然缺陷成为其责任的人类行动：上帝提供帮助，让人从一开始就致力于克服其自然缺陷，而人，在亚当之中的人，拒斥上帝的帮助。亚当的故事不再可能有这样的意味。但是，一个基督徒有可能相信上帝提供给人类的天国花园是一种命运——所提供这种命运不在世界的开端而在基督之中？我们对基督的态度，或明或暗接受或拒斥那种命运。人们也许会说，历史以一种完全公开的方式拒斥了基督；但历史也在基督教中接纳了基督。所以，如今在历史中需要作出抉择：基督抑或失去天堂？如果我们不是基督徒，我们当然就不会有天堂之命运这个难题，而只有如何避恶趋善的难题，在此世的花园中善恶都实实在在存在。

7

耶稣基督

p.74

基督，看来并非人类的头

1. 因为，头之为头，只是相对于其本身的肢体而言；可是，不信者绝非教会的肢体，而根据保罗的说法，教会就是*基督的身体*，所以，基督不是所有人类的头。

2. 此外，保罗说，*基督将自己交托给教会，是为了将教会呈现给荣耀、无污点或瑕疵或任何诸如此类的缺陷的自己*，可是，甚至在信仰者当中，也有很多可以发现其身上有罪之污点和瑕疵的人；所以，基督甚至都不是所有信仰者的头。

3. 此外，根据保罗的说法，旧法的神圣仪式比之基督，犹如*影子之于身体*，可是，这些都是旧约中的族长在他们的时代遵行的仪式，作为天国之物的复制和影子，所以，它们不属于基督的身体，而且基督不是所有人类的头。

反论：保罗称基督为所有人类的救主，尤其是那些信仰者的救主，而约翰称其为对我们的罪的补赎，不只是对我们的罪，还是对这个世界的罪的补赎；可是，正是作为他们的头，基督才救赎人和救赎他们的罪，所以，基督是人类整体的头。 p.75

答辩：教会的神秘身体，不同于我们的自然身体，因为，自然身体的肢体同时实在，而神秘身体的肢体却并非如此。它们不具有其自然的实在（因为，教会的身体由人构成，包括从世界开端到其终结的每个时期的人），它们也不具有其在上帝恩典中的蒙恩的实在（因为，在任何时候，有些人的实在外在于那种恩典，而是后来才享有那种恩典，与此同时有些人已然享有了那种恩典）。所以，人可以算作这种神秘身体的肢体，现实地或潜在地，而有些潜在的肢体永远也不会成为现实的肢体，尽管其他肢体在三个阶段会：此生靠信仰的阶段，此生靠仁慈的阶段，还有靠享有来世的阶段。

所以，我的答辩是，一般而言，基督是贯穿整体历史的所有人类的头，但程度不同：第一，并且最重要的是，他是那些现实地与其在荣耀中合为一体的人的头，第二，他是那些现实地与其在仁慈中合为一体的人的头，第三，他是那些现实地与其在信仰中合为一体的人的头，第四，他是那些潜在地而非现实地与其合为一体的人的头（尽管上帝前定他们最终将与其合为一体），第五，他是那些潜在地却永远不会现实地与其合为一体的人的头，诸如那些并非前定而如今活在此世的人，他们在离开此世时甚至将不再是基督的潜在肢体。

结论：

针对1：我的回答是，不信者，尽管现实地不在教会之中，却潜在地在教会之中——这种潜在性，首先并且最重要地根植于基督的权力，这种权力足以拯救所有人，其次根植于他们自己的自由抉择。

针对2：我的回答是，一个荣耀的教会，没有污点和瑕疵，就是终极目标，我们被基督的受
p.76 难引向此目标，可是，那将是天国之家，在地上无法抵达。在地上，约翰说，*如果我们说我们无罪，那就是自欺*。然而，基督的那些肢体，事实上和他在仁慈中合为一体，他们没有罪，也就是说，没有死罪，而那些为这种罪玷污的人是基督

的潜在肢体，或许实际上是以这种不完全够格的方式：无爱的信仰将其与上帝合为一体。他们并非以这种不够格的方式与他合为一体：使他们能够通过基督生活在恩典中，因为，如雅各所言，*有信仰而无作为也是死路一条*，但是，他们正在由他获得某种生命行动，也就是信仰，可以四处活动，就像死的肢体有时候也是如此。

针对3：我的回答是，神圣的族长遵行旧法并非为其本身之故，而是作为将来者的图像和影子。那么，如亚里士多德所言，对图像之为图像作出反应，就是对想象的图像作出反应，所以，那些古代的族长，靠遵行律法仪式，被带向基督，他们的信和爱与我们对基督的信和爱一样，故而像我们一样也属于同样的教会之身体。

《神学大全》（*Summa Theologiae* 3a 8.3）

在《神学大全》第三卷中，阿奎那将他对拿撒略的耶稣、这位基督教的奠基者的人格和遗产的理解，加入了他对宇宙进程和人类历史的理解。这部书的第一卷，“论上帝和制造”，完成于1265-8年，当时他是罗马多明我修会研究所的老师。这部书的第二卷，“论禀有理性的受造者走向上帝的旅程”，关于人类和基督徒道德的大纲，始作于1268-72 p.77 年，贯穿了他第二次在巴黎大学担任神学教席的时期。这样，四十八岁时，他又回到了意大利，他的出生地，成为那不勒斯多明我修会研究所的老师，他曾在这座城市进入大学，三十年前也在这里加入了多明我修会。他在此开始了《神学大全》最后一卷书“论基督作为人是我们走向上帝的道路”的撰写。

尽管前文章节的讨论已涉及上帝，但局限于阿奎那所认为的人类理性所能发现的上帝，局限于他关于上帝的哲学思考，通常称为他的“自然神学”。在本章中，我们进入“圣经神学”，基于上帝在圣经中启示自身的神学，这是上帝默示人写下的。理性无法得出圣经中启示的真理，但如果我们相信写下圣经的人的确受到上帝的默示，就有理由相信他们所说的话。圣经神学始于这样一种信仰，自然神学始于对世界的观察，而两种神学都运用了人类理性。

《神学大全》从一开始就阐述了自然神学和圣经神学。卷一讨论上帝作为自然界的创造者，如我们在本书第三章中看到的那样，却附加讨论了圣经中关于一个上帝实有三个位格的说法，我们将在本书第九章中看到此内容。《神学大全》卷二探究了基于理性的道德，却附加讨论了基督徒的特殊“德性”信望爱，还讨论了基督徒的“生命之路”，如成为修士或主教。因为，阿奎那向来严格区分信仰与理性，我们就能够探究后者而无须过分冒犯前者。可是，在《神学大全》

卷三中，阿奎那转向圣经关于耶稣的说法，因此，我们必须 p.78
对支撑阿奎那研究的基督教前提作出考察。

核心前提是“恩典”（grace）的概念，与我们迄今所使用的“自然”概念形成比较和对照。“恩典”这个词是出自圣经的词汇，“自然”这个词是出自亚里士多德的词汇。阿奎那的圣经神学将这两个词联系起来，通过类比亚里士多德关于自然的说法，就能够用来澄清圣经关于恩典的说法。阿奎那在《神学大全》卷二中首次讨论恩典时，提出的问题是：这个词在日常人类语言中意指什么。在日常拉丁语言说中，他指出，它能够意指“恩赐”（benign favour），如某个王者的善好*恩赐*；或能够意指“馈赠”（free gift），如当无偿授予某种*馈赠*时，或能够意指对此赠品的*感激*，如当我们餐后表示*感激*。感激的前提是馈赠，而馈赠的前提是恩惠，所以，“恩典”这个词首要的含义是恩惠。但圣经用这个词说的是某种来自上帝的特殊恩惠，这使得阿奎那进而作出两番评述。就日常的人类恩惠而言，受惠者所具有的某种品质，首先让人感到愉快，从而引发了这种恩惠；然后，由于恩惠，受惠者获得了馈赠并表达感激。但是，当我们面对上帝的恩典时，阿奎那说，由于上帝是所有实在的源泉，他的恩典首先发出，令受惠者愉快，带来所接受的馈赠，引起了受惠者的感激。进而言之，恩典并非上帝的首要恩惠；事物的实在才是来自上帝的恩惠，这是所有恩惠中的首要恩惠。

阿奎那追随亚里士多德，将事物的形式或自然视为一种技能，事物有了它方能在世上继续存在——形式惠赐实在，靠持续的世界进程，也因此靠上帝。按此方式思考，“自然”才是首要恩典，而恩典本身则是一种“第二自然”，将我们导向一种新的实在，新约中圣彼得（St Peter）的书信称这种
p.79 实在为“分有上帝的本质”（consorts of God’s nature）。正如实在之恩惠以偶然的幸福和活动环境围绕着其受惠者，他们受召唤发展为有知识和性格亲切的人，为自己和他人建立一种幸福的共同体生活，如此一来，恩典作为对上帝的本质和实在的分有，以事件和活动围绕着其受惠者，召唤他们认识和热爱公共福祉。的确，这与下述事件、活动和人类共同体完全一样：它们天然召唤我们追求尘世幸福，如今以恩典召唤我们追求此生的幸福，并且靠上帝追求一种超越其上的生活。

作为第二自然的恩典，它引出了一组新的善与恶，要评价其好坏，与其说靠平衡符合理性与自然法和在世上幸福生活，不如说要靠一种“与神相似”（deiformity），靠符合上帝的生命。这就是信望爱之德性，它们让我们加入了上帝之友谊中的生命，加入了一种对道德德性的再平衡，从而使我们在那种友谊中生活得好，并且在死后获得永生。如上文择录的段落所主张的那样，正如自然作为上帝的首要恩惠，传达给我们是通过持续的世界进程，恩典作为上帝的第二恩惠，传达给我们是靠一个人的生命，并且靠他对人类历史的改变。恩典被阿奎那设想为一种由上帝获得的恩惠，通过耶稣自己活出人的生命，并由此遍及耶稣所述的种族整体，遍及

可追溯至亚当的全部人类，进而遍及为我们所有人准备的任何结局。

通过坚称人类整体受到召唤以分有耶稣本人的生命，圣经神学重新构想了人类历史之整体。历史被集中于其宗教史 p.80
上的一个相对晚近的事件，在此事件中，为一个特定民族立下的旧法（写在石头上的古代以色列民族的法），为一部为所有人类立下写在心里的新法所超越：譬如，耶稣在登山宝训中说，“你们常听人说，以眼还眼，以牙还牙……但我告诉你们，有人打你的右脸，你把左脸也给他……”在阿奎那看来，这里说话的*我*，就是某个人的*我*，而这里的召唤，就是召唤所有人类认同那个人，认同那个*我*。但这里的召唤是一个出自上帝的召唤，因为，上帝在其恩典中已然认同了那个*我*，认同了那个人，在“认同”这个词的有最严格意义上。

耶稣是上帝恩典的第一个接受者，这有三个层面。第一，有阿奎那所谓合一的恩典，与上帝同一的恩典，与此同时他仍然是一个人类，一个在本质和实在上与上帝同一的位格，上帝父亲的一位真实的儿子。这是耶稣的独特之处。第二，在其本身的生命中有作为最神圣的人类的恩典，作为真正的上帝之友的恩典。第三，这种恩典是与所有人类分享其个人的愉悦上帝的恩典，借此所有人类都能够自己愉悦上帝，受到欢迎以分享上帝的友谊，因为，他们都是上帝之子耶稣的朋友。无一人排除在外，每个人都是潜在的分享者。耶稣的恩典将会圆满，如果某人希望成为他的朋友。

恩典召唤我们与上帝和他的儿子同在，这种生命不是超自然的生命，至少不是现代意义上给予这个词的含义。这不是一种与我们的自然尘世生命不同的生命，不是由某个幻想世界中的不正常事件构成的生命，而是将生命集中于与耶稣
p.81 的人生的关系，集中于与上帝本身的生命的关系。“恩典不是替代自然而是成全自然”，阿奎那说。超自然（多于自然）并非意指外在于自然（有别于自然），后者在非自然或反自然的意义上还不及自然，超自然意指在人的自然中发现了一种与上帝的同质性，在人性中开启一股源泉，上帝之大海就会喷涌而出，“一股涌动着永恒生命的泉水”，如耶稣在《约翰福音》中所召唤的那样。阿奎那引述了一则奥古斯丁的教诲：尽管无上帝的恩典即使面对面也不可能认识和爱上帝，但*有能力*认识和爱上帝却是人的天性；人天生有能力接纳上帝的恩典。耶稣接纳了此恩典，并将其传递给了他所有的朋友；因为，如亚里士多德所言，“通过朋友可能实现的事情才是可能的。”恩典之于人类是自然，正如波涛之于大海是自然，这是有自然原因的自然对象中的自然结果，与此对象有直接的自然关联。大海的自然不会为其内在的物理和化学构造耗尽——它也由其在地球表面的自然位置所限定，受制于太阳和月亮的影响。大海不可能靠自己而起落，而是其本质容许它对其伙伴太阳和月亮作出回应。同样，阿奎那说，因为，人类禀有理性，天然向上帝敞开，能够为上帝感动而转向其友谊，由上帝安排过一种和他一样的爱的生活；上帝

如此生活的方式是通过拿撒略的耶稣的个体生命。

我们择录的段落，区分了人类与历史上的耶稣的不同关联。两种最重要的关联被描述为信仰和仁慈两种德性。阿奎那说这两种德性*密接*上帝，通过耶稣，为我们的生命引入了
一种新的行为标准——像上帝那样行事全靠我们自己。出于 p.82
自然的道德德性指导我们，行动要符合我们自己的理性标准；基督教的道德指导我们欣然接受一个更进一步的标准，上帝自己的标准。其他德性之为德性是由于其所追求的目的：正义、勇敢、节制的行为。“神学”或神性的德性信望爱之为德性，并非由于其追求什么，而是由于其为什么追求。因为，相信基督教徒之*所信*而没有如此作为的正当动机，这不完善——这样的信仰是盲目的，盲目就是一种不完善。但是，有一种德性是相信一个有知之人；我们都在适当限度内这么做，这限度就是他知道什么。上帝之所知没有限度，所以，就可能有一种德性：相信上帝之*所言*是因为说话者是*谁*。甚至信仰本身也无生命可言，并非德性：阿奎那认为，魔鬼也禁不住认为信仰上帝是合理的，但它们不会这么做，尽管这对它们大有好处。信仰的生命就是相信上帝作为爱的行为，爱他不是当他是一个*什么*，而是当他是*谁*，是凭着友谊之爱。爱美酒或骏马，阿奎那说，是爱一个想拥有之物，如果您认为上帝只是作为想拥有的礼物的来源，那也是爱一个什么：这不是仁慈，不是作为朋友的上帝之爱。仁慈是爱上帝（爱其本身和爱我们的邻居人）作为谁，作为某

人，希望他们好是为了他们，为了给予；这种仁慈表现在爱上帝和邻人中，凭耶稣基督拥有的那种爱："人没有比为他的朋友舍命更大的爱了。"只有那种爱才能拯救信仰出于无生命和不完善。真正无私的爱是和盘托出。只有这种爱，据说奥古斯丁曾经说过，才堪称"爱，然后您可以为所欲为。"这种爱包括冒险相信某个以那种方式爱的人。

p.83 这将我们引回到自然神学与圣经神学的区分，前者的论证基于我们观察到的自然，后者的论证基于一种对耶稣基督的信仰，将其作为上帝所认同的一种生活方式。在阿奎那的自然神学中，有一部分是物理学和形而上学。在探究自然、过程和实在时，作为一个结论遇到了上帝。阿奎那认为理性必然以此方式遇到上帝，尽管它不可能设想上帝本身是什么，而仅仅感知到他的实在。理性可以由结果的实在推出原因的实在，而不总能从结果的性质中推断出原因的性质。有某物挡住了浴室通道，但我们对其一无所知。阿奎那认为自然宗教并非出于对超自然现象的观察——他对奇迹相对而言不感兴趣——而是由于认识到，自然不是实在需要更多原因，这超过了我们的科学所能提供的原因。阿奎那认为这种意义上的虔信是一种德性，但像所有德性一样，它只是一种对恶的平衡。一方面是宗教信仰太过薄弱之恶——我们现代的世俗主义可以如此定性。另一方面是宗教信仰太过强烈之恶，他称其为"迷信"，我们可以将所有现代基要主义包括其中。因为，宗教并非绝对可靠，而且有可能很容易提出远远超出对存在奥秘的基本自然感知的概念性主张。这种主张有可能导致错误、混乱和邪恶，尤其当不同人群的不同宗教解释方式将群体身份偶像化时。宗教史与人类的社会史之整体并无不同。

可是，在阿奎那看来，基督教不止是一种自然宗教。耶稣起于自然宗教史而扭转了自然宗教史。耶稣的生命是上帝 p.84
的自我启示行动，针对一帮高贵的朋友和追随者，他们与耶稣亲熟，他们向全世界宣告了他的身份。阿奎那在那不勒斯撰写《神学大全》第三卷的时候，还撰写了一部《约翰福音》评注。在那部福音书中，耶稣等同于上帝之言，后者开启了旧约，“让有光就有了光！”太初有言，约翰如是说——这是一条你们从一开始就拥有的诫命，这条诫命应验在耶稣和我们身上，应验在他的使徒身上，也应验在听从我们的人身上；因为黑暗正在消退，这言变成了肉身，在我们中间住下，我们看到了上帝的独生子的荣光，并且用我的双手触摸到了他。律法由摩西颁布，恩典和真理由耶稣基督颁布；而且我们向你们宣布这一点，好让你们也与我们建立伙伴关系，不再做他的仆人，而是做他的朋友。

正是这一事件，使自然宗教转变为一种有信仰和仁慈的生命，也从而将出于人的学识的神学转变为阿奎那所谓上帝的教诲。自然神学始于在自然理性之光中所见的自然实在，上帝作为一个神秘的结论出现；但基督教的圣经神学是上帝本身的愿景，由他的启示之光传递给了我们。那愿景不是作为愿景为我们所分有，而是作为信仰为我们所分有，但这就是学生们尚在学习的时候分有所有科学愿景的方式。他们希望有一天自己也能实现愿景，只是暂时相信他们的老师，因为，他有专长和权威性。我们应当记得，阿奎那认为权威不是命令盲目服从的力量，而是真理的源泉，我们能够依靠它来实现最终的愿景，正如我们认为爱因斯坦是相对论的权
p.85 威。神学家期待着上帝应许的来世愿景，同时也遵循由一位教学权威所发布的信仰条款，他已然看见：上帝就活在基督之中。

阿奎那将神学视为一种真正的科学。它采信了圣经关于上帝的本质及其所赐的表述，并以其作为推理的前提，就像几何光学从几何学中采信前提一样。神学的任务不是证明其前提，而几何光学的任务只是证明其所运用的几何定理。神学的任务是由前提得出结论。在几何学中，*看到*结论之真理可以化约为*看到*某个前提之真理，但在神学中（还有在几何光学中），恰恰是*相信*某个结论可以化约为*相信*某个前提。我们看到的是，某种我们看不到的东西出自我们看不到的某种更深的东西。而且我们希望，在来生将看见任何事情。从而，神学对于阿奎那而言，是一种真正的科学，基于一种合理的信仰。用他的新约式的名字，使徒托马斯，在看到复活后的基督的伤口时，呼喊“我的主啊，我的主啊！”在评论这些话时，阿奎那写道：“就这样，一个怀疑论者变成了一个好神学家。”

8

基督教会

p.86 [a] 基督受难，作为上帝的某种意愿，*引发*了我们的救赎，基督自愿受难赢得了它，作为发生在他肉体中的事件是一种*补赎*（使我们摆脱了当负之惩罚），一种*释放*（使我们摆脱了受奴役之罪本身），也是一种*献祭*（使我们与上帝和解）。

《神学大全》（*Summa Theologiae* 3a 48.6.3m）

[b] 圣礼是带来恩典的工具。工具有两种类型：分离的工具如棍子，关联的工具如双手，关联的工具使用分离的工具，如双手挥动棍子。由于上帝是恩典的主要施动者，以基督的人性作为其关联的工具，以圣礼作为分离的工具：救赎的力量由基督的神性通过其人性进入了圣礼。圣礼

带来的恩典看来具有两项主要功能：首先，消除由过去的罪导致的不完善，罪行虽然结束了，却留下了惩罚，其次，使灵魂完善以崇拜上帝，通过从属于一种基督教的生活的宗教。现在，基督使我们摆脱了我们的罪，主要靠他的受难，不仅是引发，而且通过赢得和补赎，而且，以他的受 p.87
难，他也开启了基督宗教的仪式，让自己成为祭品和牺牲献给上帝……所以，显而易见，教会圣礼的力量特别来自基督的受难，接受圣礼让我们以某种方式与基督受难联系在一起。作为标志，钉在十字架上的基督流出了水和血，洗礼之水和圣餐之血，这是两种最有力量的圣礼……

《神学大全》（*Summa Theologiae* 3a 62.5）

［c］在洗礼中我们参与了上帝的受难和死亡：如保罗所言，*如果我们与基督一同死亡，我们相信我们将在他当中重生*。所以，显而易见，每个受洗的人都分有了基督的受难，为了他们治愈他们自己，就像他们自己也受难和死亡了。而且，由于基督的受难补赎了所有人类的罪，受洗的人摆脱了为他们的罪当负之惩罚，正如他们自己补赎他们所有的罪……

> ［从亚当］继承的罪，起初由亚当传染给了所有人类，然后由此本性传给了每个继承它的人。另一方面，基督首先治愈了我们个人的罪，进而一劳永逸为所有人治愈了人的本性，这就是为什么洗礼直接消除了我们遗传的罪责，也一并消除了我们因看不见上帝而遭受的个人惩罚，但没有消除我们当前生命的自然缺陷——死亡、饥饿、口渴，以及如此等等，这些都出于自然原因，这是由于我们因未继承正义而遭弃——直至全部人性为最后的复活治愈而进入荣耀之中。

《神学大全》（*Summa Theologiae* 3a 69.2-3）

p.88 当他在《神学大全》第三卷中写下这些关于基督教圣礼的段落时，阿奎那仍在那不勒斯；但在1273年十二月圣尼古拉斯节（the feast of St Nicholas）前后的一个早上，正在举行弥撒时，他陷入了极度出神状态。阿奎那显而易见有沉溺于深度分神的习惯，但这次情况严重，从那时起，他毫无理由地停止了每日的《神学大全》撰写，也极少说话。他的秘书和朋友皮佩尔诺的雷吉纳德（Reginald of Piperno）报告说，反复询问之下，阿奎那只说了一句话：与上帝如今向他启示的内容相比，他的写下的文字一文不值。然而，他的机智完好无损。一两个月后，他出发去法国里昂（Lyon）参加会议，教宗传唤他参加这次会议，途经卡西诺山修道院时，他应请求为他们写了一封信，非常清楚地解释了上帝如何能够知道未来事件而无损于那些事件的偶然特点。几天后，在泰阿诺（Teano）附近——或许经历了另一次分神——他一头撞在一棵下垂的树干上受了伤。他的健康迅速恶化，被送往福萨诺瓦（Fossanova）附近一所西多修会（Cistercian）修院。两周后，1274年3月7日，49岁的他去世了。

上文择录的段落联结了《神学大全》第三卷的两个部分：第一段话出自阿奎那讨论耶稣作为上帝言成肉身之神秘的内容，后两段话出自他讨论教会圣礼的内容。其中有深思熟虑的文字游戏。在早期罗马，“神圣”（sacred）指任何献给诸神的事物——譬如，神殿和祭师——而一项“圣礼”（sacrament）是对诸神的保证或誓约，由此衍生出一种神圣化的责任誓言，请求诸神见证。早期教会用这个词翻译希腊 p.89 语的*musterion*（*神秘*），一种神秘状态，所谓密教采用这个词来描述其秘密仪式和教理，基督教经书以此指上帝的永恒秘密最终启示于基督之中。到了阿奎那的时代，圣礼最常见的意思是教会的那六七种仪式，像洗礼和纪念最后的晚餐的圣餐，据信由基督设立，作为上帝将恩典分赐人类的方式。可是，阿奎那表明他的知识背景远为广泛。他在《神学大全》第二卷中首次结合誓言论及圣礼，认为宗教对于人而言是某种自然之物。圣礼是那样一些仪式，人由以表现出承认收到了来自上帝的礼物，与献祭形成对照——这是人向上帝奉献礼物的仪式。他认为这种对上帝的象征姿态对于人而言属于自然，由我们天生具有的法律所规定。但它们在任何特定社会中都各不相同，受制于那个社会中由人类颁布的法律和习俗。以色列就是这样一个社会群体，据信是由上帝特别拣选并献身于上帝崇拜的社会群体。律法规定了以色列所采用的圣礼和献祭形式，被认为是由上帝之言本身颁布的律法，通过西奈山（Mount Sinai）上的摩西（Moses）传达，设立了见证以色列对一个神圣应许的未来、一个神圣的秘密或 *musterion*（*神秘*）的信仰。阿奎那将教会的圣礼视为基督教对这种特定仪式的继承：由基督规定的崇拜活动，见证了基督徒共同体对上帝的礼物的信仰，这是已然在基督的生命、道成肉身的上帝之言的神秘中赐予的礼物。

但是，对于阿奎那而言，这种仪式不仅仅具有象征性。它们也具有实效。他认为这些仪式就是将基督的生命成
p.90 果——救赎人类脱离罪和与上帝的友爱——施用于参与这些仪式的人。他视其为上帝恩典的管道，或更大胆地说，视其为上帝恩典的原因。这种措辞所激发的图景有可能误导我们。阿奎那并没有将恩典想象为某种神圣的液体以超自然的方式灌注进了一个被拣选者的内在血脉。我们反复看到，阿奎那所设想的自然并非“内在于”一事物；相反，它“外在于”一事物，意指它规定了此事物现存于其环境中的方式。恩典，对于阿奎那而言，是一种第二自然，这种自然包含着

朝向更进一步的生命结果的运动或要求。恩典是超自然的，它胜—过—自然（more-than-nature），意指它将受造的自然之整体引向与上帝本质的合一。恩典让我们走向与自然的友爱，如果可以这样措辞的话——在这种友爱中，受造的自然自由和自发、主动和自主地回应一位造物主的提议，他尊重那种自主，并且愿意与子配合。阿奎那的想象，如我们在本书上一章中所见，如大海在太阳和月亮影响下以胜—过—自然的方式运动。

如上文择录的第一段话所言，恩典的原因首先是上帝，其次是基督。但阿奎那将圣礼当作上帝和基督传布恩典的工具，在此意义上圣礼也是恩典的原因。一件工具，如一把斧头，由其主要施动者，如伐木工，配合用于施予其上的运动，它借给这位主要施动者的礼物是它本身的形式（斧头的锋利边缘）。当然，斧头并不具有自主性，没有生命，也在任何意义上不可能自己移动。但是，人类施动者具有自主性，一种由上帝赋予的自主性；当其自主移动自己时，正是上帝给予其那种运动。所以，甚至人类的主要作用也次要于上帝的作用，虽然人类的作用并不会失去其自主性。就这种 p.91
次要的“主要作用”，阿奎那使用了形容词“配得”（meriting）或“值得”（deserving）或“赢得”（earning）。这些都是有效产生需要他人配合的结果的方式，都是说服他人帮助以达成结果的方式。所以，在择录的第一段话中，甚至在《神学大全》全部第三卷中，阿奎那都将耶稣说成是一位自由人，他将自己赢得、值得、配得的合作献给了上帝的行动，以宽恕、救赎和纠正、重构有罪的人类历史。那项工作就发生在耶稣的肉身上，阿奎那如是说，他意指耶稣将其历史性生命作为工具奉献出来，从而为全部历史赢得上帝的恩典。而最高时刻就是他自愿接受不公正的死亡，在反对他的工作的人手中。

神学家一直在努力表明，基督的生命，尤其是他的死亡，如何能够作为工具为人类赢得恩典和赎去其罪恶。阿奎那引述了他的时代流行的三种观念，指出这些观念都是隐喻，基于用什么样的隐喻来表达基督的生死所纠正的失序。如果那种失序被想象为一种奴役——譬如，受魔鬼奴役，或受罪奴役——那么，基督的礼物就会被想象为一种拯救或赎回。如果那种失序被想象为一种忤逆——譬如，忤逆上帝——那么，基督的礼物就是一位亲族的赔偿和赎罪行动。这种想象就包含在将基督作为我们的救世主（redeemer）的描述中，这个词源于拉丁语，表示“偿还”的意思。如果这种失序被认为是一种对上帝的疏离，那么，基督的礼物就是一种献祭的礼物，提供它作为渴望和解的象征。这些隐喻都没有触及事情的核心。它们对赎罪提出了同样的疑问，第六
p.92 章首先提出过招致原罪的观念。亚当如何可能代表全人类犯罪，耶稣基督又如何可能为我们所有人赢得宽恕？

在阿奎那的讨论中，有大量内容基于一种过时的关于人类如何起源和一代人如何影响另一代人的观念。但我认为，

我们可以由此引出一种关于受难与救赎的神学观，舍此基督教信仰将失去意义。具有本质性的观念似乎是：受难是人类历史的一个分水岭。受难之后的历史道分两途：一条路导致全人类的灾难，另一条路将人类由此灾难中解救出来。受难是人与上帝和上帝与人面对面的事件。在此历史关节点上，上帝自己任由人摆布，将自己作为人类新的永恒生命的源泉，从人类当中提供此源泉。上帝使自己成为人类的头——不是作为王，而是作为真理教师。人类的自主为上帝所接纳，所以，上帝必须容许自己为人所接纳或拒斥。他遭到了拒斥；上帝受指派去死。也正是在此，一件不可思议的事情发生了。因为，上帝将此拒斥接纳为一种人继续活在世上的方式——一种人们想接纳就能够接纳的方式，任何时候只要他们想接纳，也是一种人们想拒斥就能够拒斥的方式。上帝以一种新的伪装复兴了其提议，让自己受到拒斥是为了人能接受。由此以往，人就能够在两种历史之间作出选择：通常的自然将继续不理会受难，而另一种蒙受恩典的历史将追随一位上帝，他表明人尽管能杀人，却永无可能避免死者复活。

这就是基督的本质奥秘，隐藏在其生命中的神圣秘密。伊甸园事件、诱惑和失去天堂，可以视为一种谈论受难本身 p.93
的方式，视为上帝公开以政治方式遭到人类拒斥的事件。救赎神学可以视为另一种讨论受难的方式：作为上帝和基督回应此公开拒斥的事件，使其成为人类个体能够接纳和经受的某种事情，并将其用作此生或来世带来和解的工具。首要工具是上帝自己的人性生命，展现为其出于爱而重新创造的力量，不是通过为人制定律法或必然性，而是通过下赌注来激发爱的回应。上帝是机会的主人，并且在受难之地创造了一个新的世界，他将绝对无误地通过他个人的自由行动使这个世界变得完满。

这幅基督的生命图景，为阿奎那的圣礼理论奠定了基础。它们是更进一步的工具，基督徒靠它们能够将自己结合进基督所赢得的救赎——将自己结合进受难事件。这就好像，用阿奎那令人惊奇的表达，那些受洗的人自己穿越了受难。（阿奎那在此引述了圣保罗，后者说我们“自己装扮”了耶稣的死亡和复活，并发明新的希腊词语表明，受洗的人与基督“同死”，也将与其“共同升起”。）圣礼提供了抵达基督的“锋刃”，就像斧头为伐木工提供锋刃。那个锋刃就是受难事件的仪式化表现。阿奎那说“它们通过象征产生”。他不仅意指它们表现受难，而且意指它们*再*现受难。它们不仅象征性地表现，如注水象征清洁或浸水象征与基督一同埋葬。他意指，它们是以不可见的方式与基督自愿生死行动结合
p.94 在一起的行动——“要这么做，”他说，“来纪念我”——它们也是可见亦可触及的活动。正如在地上的耶稣的生命中，上帝可见亦可触及，现在上帝也同样就在圣礼之中。它们是庆典，充满模仿和虚构，日日更新历史，通过将历史的分水岭重新运用在参与其中的人身上。

对于阿奎那而言，他的时代教会承认的七种圣礼，并非

真是基督的七种不同的救赎工具。它们是圣餐礼（如今常称为弥撒）中出现的一个大仪式的七个部分。它们是基督本身呈现其中的一个仪式上准备性质和结果性质的活动。在其他仪式中，我们看到敷油和注水，并且听到人们说到他们在做什么——可见的恩典活动的标志。在圣餐仪式中，我们看到我们面前有面包和葡萄酒，听到复述基督在最后的晚餐上宣告面包和葡萄酒是什么——基督与我们同在的可见标志。呈现的物质具有食物的形式，摄入的也是食物。吃下食物以吸收其实质，从而更新我们的自然生命；吃圣餐象征更新我们蒙恩典的生命，通过吸纳基督中的上帝的生命。自然性质的食物强健我们的自然性质的身体；圣餐强健教会的身体，据信教会是基督教身体的继续，从而也是上帝身体的继续。

阿奎那也说过，圣餐给予特殊的恩典，正是上帝与圣餐接受者之间现实的爱的时刻。这好比每日亲吻上帝，更新爱与友谊，将教会的神秘或神圣的身体滋养和强健为一个共同体。上述这样的思想，散见于阿奎那的圣餐礼研究，是圣餐神学的支柱；尽管数世纪以来，吸引读者的是他关于圣餐礼的“奇迹”一面的评论，中世纪就是这样看待圣餐礼的—— p.95
关于面包和葡萄酒的“变体”（transubstantiation）为耶稣复活后的血肉。阿奎那辩称，如果最后的晚餐上，上帝在基督中关于面包说，“这是我的身体”，那么，他的身体就是面包之所是，而面包不再是面包。而且，如果神甫在圣餐礼上借他的声音在祭坛上重复了那些关于面包的说法，那么，从祝圣那一刻起，它就成了基督的身体，而不复为面包。它看上去是面包，但“作为奇迹”，它之所是成了基督的肉。

我个人认为，强调“奇迹性质”做过头了。在阿奎那之前的那个世纪里，关于基督是“真实地”抑或“象征性地”现存于圣餐中，有巨大争议。阿奎那的观点实际上相当于拒斥这种真实与象征的二分法。圣礼由象征施行；现存之物通过再—现就真是现存。上帝的创造，整全地看，规模要大于他的物质创造；基督的生死给予我们的历史一种更进一步的真实意义。在此新的历史中，圣餐庆典上这面包和葡萄酒的终极意义，更胜于自然中的面包和葡萄酒的终极意义；在阿奎那的世界里，我们以某物的实体意指其在上帝的宇宙中的终极意义。所以，在某种意义上，基督的肉和血的“实体”取代了面包和葡萄酒的“实体”，而这就是阿奎那所谓“变体”。但我们也应当注意，阿奎那所谓变体的含义不是“取代”（replacement）。基督的肉和血没有“代替”面包和葡萄酒，如果您意指面包和葡萄酒变形为基督的血和肉。那是阿
p.96 奎那所否认的。也不是基督教的肉和血本身挤进了此前由面包和葡萄酒占据的维度，挤进了祭坛上的那个位置。那些维度和那个位置是阿奎那所谓面包和葡萄酒的“外观”。它们是基督身体的真实现存的标志，而没有变成他的身体的真实属性；他保持着自己的维度和位置，无论他生活在哪里，此刻他复活了。所“取代”的是上帝眼中那些标志的真实意义。面包和葡萄酒的物理化学和营养以及生物学品质，在其

外观的每个方面都保持着——它们不是“欺骗”感官的幻象。存在物从化学上分析就是面包和葡萄酒；有一个短语，常常逃过评注家关注，就是那片面包的“个别实在”(individual existence)，它仍然保持着，但现在是作为其所有方面的“实在”，除了其“实体”之外！

我认为，面对以实体指化学实体的现代术语，阿奎那会毫无困难地指出，面包的化学实体，作为其“外观”之一，仍然保留着，而在这些外观之下，现存着耶稣身体的实体。或许，由于前一世纪的争议，阿奎那对作为奇迹的变体作出了繁重的讨论，从而扭曲了他本人关于圣餐礼的研究。这一神学的精髓是他关于圣餐礼作为上帝之吻呈现于触及的观点，作为行动中的爱与友谊的时刻，将教会的神秘、神圣的身体滋养和强健为一个共同体。

这神秘的身体，对全体人类开放；这是为重新创造和重整宇宙秩序而建立的社会，在其本身当中实现了致力于人类和世界之善的每一种社会。如今，人们常常抱怨，教会干预政治，这是事实，正如教会在这些世纪里干涉宗教。但从神学上看，教会既非一个*城邦*、一个世俗国家或城市，亦非一种宗教。教会就是耶稣的人类更新运动，通过更新我们与上帝的关联方式和我们与我们的同胞的关联方式。在此意义上，教会无论任何时候试图仅仅戴上一副世俗面孔，其自身就会有不足，这就是某个制定法律的政治团体的面孔，或者某种在道德上自命不凡的宗教社团的面孔。

p.97

值得指出的是，阿奎那对这些神秘和神圣事物的研究，是他最接近一种教会学之处，最近一种关于教会之为教会的神学之处，尽管教宗的权力在他的时代有了巨大增长。他自己的家族忠贞不贰，至少他有一位兄弟支持西西里国王和神圣罗马帝国皇帝弗雷德里克（Frederick, the king of Sicily and Holy Roman Emperor），另一位兄弟则被当成教宗的支持者为弗雷德里克处死。在他的政治著作中，有一种常为人们称道的模棱两可，关于教宗是否具有政治地位。他似乎拥护对世俗和宗教两界之间的权威作出划分。在阿奎那心中，教会的关爱责任遍及整个宇宙之善，但是教会有绝对义务实行其建立者发出的指令，完全尊重人性的自主，并全心全意热爱生而为人的每一个体。

9

永　生

p.98 [a] 我们必须将上帝之言与某个人的结合描述为：既非两种本质融合为一，亦非某种本质之物与某种外在的非本质之物的联合（如一个人与他房子或衣服的关系）。上帝之言真的变成了人，持存于一个人的身体和灵魂之中，那道成肉身的真就是上帝本身……这样，在所有受造物中，没有比这更像灵魂与肉体的结合了……不是与作为质料的身体结合（因为，那会使上帝和人具有一个本质，正如质料与现实构成一个特定的本质），而是与作为工具或器官的身体结合……因为，身体是灵魂的关联工具，就像一只手致力于某个所有者的工作，不具有斧头那样的外在性质，很多人都可以共同使用它。让我们来比较上帝与人类的结合方式。每个人都是上帝的工具——*上帝本身在我们之中工作，我们的意愿成全了他的善*

意——但动用一个分离的和外在的工具，不唯属于上帝，也普遍属于所有理性的本质（像理解真理、爱善和行公义）。只有基督的人性被采纳为工具，来实现唯独属于上帝的工作（清除罪，以恩典启发心智，将我们引向完善永恒的生命）。所 p.99
以，基督的人性属于上帝，作为他的联合物和专属工具，就像一只手之于一个灵魂。因为，发现某物天然适合作为并非其形式的某物的工具，这并不稀奇：如作为说话的器官，我们的舌头就适合我们的理解力，尽管（如亚里士多德所证明的那样）理解力本身并不会将身体的任何部分现实化，个体可能拥有一个并非天然属于其种类的关联工具——譬如，第六指。所以，我们可以说，人性与上帝之言的结合，是作为一种关联工具，而非以上帝之言作为其形式，也不是从属于他的本质，而是从属于他的人格。

《反异教大全》（*Summa contra Gentiles* 4.41）

［b］位格（persons）在上帝的唯一本质中流出，就必须有活动，不是走出而是居于其中，而在理智本质中，这样的活动只有两种：理解和意愿。从这两种活动中最终会流出某物：理解的

终点是在理解心智中构想出了一个词（因为，直到某种观念在我们的心智中稳定下来，我们就还没有获得理解，而仍然在思考以便理解），而意愿的终点是从爱者的意志中发出一种爱（由于爱就是将意志稳定在所意愿的善物上）。这样一来，在受造物中，一个词和一种爱，都不是持存的具有理解和意愿之本质的位格，因为，在受造物中，理解和意愿不是实在，而是额外附加于受造物的本质的一种活动。但是，在上帝之中，实在和理解和意愿都是同一回事，所以，上帝之言和爱并非额外附加于此神圣本质，而是持存于其中……

可是，理解和意愿在上帝和我们之中具有不同秩序。我们的理解力从外部来源中获取其所
p.100 知，而我们的意愿通常朝向外在目标，所以，在我们之中，事物进入灵魂是当我们理解时，灵魂走出达于事物是当我们有意愿时。但是，上帝的认识产生事物而非源于事物，他的意志，不是朝向外在目的，而是命令所有外在事物以他自身为目的。所以，尽管在上帝和我们的理解与意愿中有某种循环（意愿回复到理解的开端），但我们的循环都从外在开始和终结，而他的循环封闭在他自身当中……这样一来，一旦循环闭合就无以复加，所以，上帝的本质中不会流出第三种活

> 动；所有进一步的流溢都发生在那种本质外部。然而，在上帝之中只有三种位格：有一个位格不是从另一个位格中流出的，有两个位格是流出的，一个作为爱，另一个作为言。

《关于上帝潜能的问题论辩》

（*Quaestio Disputata de Potentia Dei* 9.9c）

这两段神学论述出自1265年，当时阿奎那正在奥维托和罗马教书。它们回答的问题是，我们如何才能合理连贯地表述基督教的三位一体学说：三个位格实在于上帝之中，及其与它们的单一神性的关系；还有就其中一个位格——上帝之子——他与神性和人性两种本质的关系。第一段话引自《反异教大全》，阿奎那试图在其中将基督教教义展示给穆斯林和异教不信者，使用了这样的方式：即使理性无法证明其为真，它们也没有显而易见的错误。第二段话择录自一系列问题论辩，是他作为老师在罗马所作的论辩，问的是三这个数字的特殊之处是什么。为什么上帝没有两个或四个位格？撰写时间在《反异教大全》完成后一年左右。

在两个段落中，阿奎那尝试以人类语言所能容许之精确 p.101
来阐明这些教义。早期教会公会议在很多世纪前就开始了这一阐述进程，试图为大量有冲突的解释引入秩序：基督教经典关于上帝作为父、子和圣灵说了什么，作为子的上帝如何在保持真正的神性位格的同时变成了真正的人。阿奎那小心涉入相反的错误之间，谋求阐述正统方案，采用的方式是表明其与哲学世界观的一致性，他与他的穆斯林和异教读者共享这种世界观。阐述的结果如此小心地集中在一起，以至于如果有人忽略了他所说的话实际有多大胆，是可以原谅的。

在第一段话中，关注的内容是基督的一个位格与两种本性，阿奎那致力于以实在来重构：如果基督有上帝的本性和人的本性，那么，他有上帝和人两种实在吗？如果我们将两种本质的结合置入一个位格，认为神性规定了基督的本质，而人性是某种外在的附加，就像衣服那样，又如何？这样一来，基督中就会有两种实在，一个本质实在和一个偶然实在。譬如，在弱意义上苏格拉底能以两种方式实在，要么以暂时方式（穿着衣服），要么是以永久方式（白色皮肤），但是，其中任何一种都不是强意义上的实在——苏格拉底之为苏格拉底的本质实在。一个人格在弱意义上能有不止一种实在——白色皮肤的苏格拉底不是精通音乐的苏格拉底。所以，如果上帝之子的人性是由外部带给他的，以一种与其位格实在无关的方式，那么，基督就会有两种实在，一种实在
p.102 是强意义上的上帝，另一种实在是弱意义上的人。他的神性规定了其本质之所是，他的人性却不能。他的人性的实在已不是一个人格的实在。这与福音书中描述的他的生命不一致。

阿奎那认为，我们的确必须比较灵魂与肉体和形式与质

料结合为一个实在之物的方式。但这会让我们陷入相反的错误：形式与质料的实在不可分离，它们是共同构成一个本性的要素，从而产生具有一个本性的一个实在之物。但是，圣经的教诲是，基督诞生了两次——一次是永恒的诞生，一次是诞生于时间之中——从而具有两种本性［“本性”（nature）这个词来源于“出生”（to be born）这个词］。他出生了两次，但还是具有一个实在的一个人格。在这一点上，阿奎那做了一个横向移动。我们将比较基督中的结合与灵魂和肉体的结合，但要将其与现实和质料的结合区分开来。因为，除了具有形式之于质料那样的关联，灵魂与肉体的关联也像施动者之于关联工具。阿奎那采用了关联工具这种模式：手或臂与我们关联在一起，靠它们我们使用所有分离的工具。一件分离的工具和使用它的施动者是两个分离的实在之物，但这件工具与施动者在一项活动中关联在一起——这项行动属于这件工具（由根据的特殊性质所决定），却在某种意义上延长了其施动者的活动。一件关联工具不仅以这种方式与施动者分有活动，还是施动者的一部分，与其分有同一个实在。

实在和活动两者都天然从属于人和事物，阿奎那在另一处如是说，但从属方式不同。实在指一事物之为一事物或一个人格之于一个人格的真正实现；一个事物只能有一个实在，它与关联工具分有这个实在，却与分离的工具不分有这个实在。活动是一个事物或人格的一种作用，由其所具有的 p.103
某种形式或本性所决定；不同活动不会伤害某人的人格统一

性，任何一项活动都能与服务于此项活动的工具分有，无论是分离的工具还是人身工具。此外，关联工具与其施动者分有活动的方式，要比分离的工具与其施动者分有活动的方式更密切。一件分离的工具，其他施动者也可以使用，但一个关联工具只有这个施动者才能使用，致力于这个施动者，致力于这个施动者特有的任何活动。

由于有一条手臂或一只眼睛，都是苏格拉底这一个人格的身体部分，阿奎那辩称，如果苏格拉底（已然作为一个人格而具有实在）碰巧获得了另一条手臂或另一只眼睛（生来一只眼盲/作了移植），他不会因此而获得一个新的实在。他会获得一种与这些额外补充物的关系，从而他现在的实在就具有了附加于他此前之所有的身体部分。的确，上帝之子在接受人性的同时，接受了某种新的事物而非额外的某物；他接受的人性不是某种额外和次要之物，而是某种作为人格和主体对他有贡献的事物。所以，人性没有带来新的人格实在，而只是带来了他已享有的位格实在与其新的人性的一种关系。他的位格实在，现在不仅具有一种神性，还具有一种人性。上帝之子的实在变成了一个人的实在，当上帝之子出生在伯利恒（Bethlehem）时。进而，人性变成了上帝一项特殊活动的亲密和专门工具，此项活动只属于上帝。人性变成了赎罪和拯救人类的特殊工具。

阿奎那将作为子的上帝的实在与基督的实在等而同之。上帝的实在，在某种意义上，使基督的实在有了活力，就如灵魂使肉体有了活力。这就好像，上帝之子，就其本性、能力和权力而言，实在于基督之外并超越了基督，就其现实性和历史事实而言，则非如此。的确，因为，上帝就是他本身的实在，而且基督与作为子的上帝的实在是一个实在，所以，基督的真正实在就是上帝。 p.104

这种论证有可能显得极为空洞。它们的用途是让不信者重新思考，他们认为这些教义荒唐，并且简直是可笑。但是，神学必须不仅机智，还必须引导理解。神学说到底应当由是否有助于澄清和让阿奎那的读者喜爱人类和神圣人格拿撒略的耶稣来判断，阿奎那谈论的就是他。某种程度上，这种空洞是因为一种对耶稣的理解：将其“自下而上”生长的一生，作了“自上而下”的描述。这是由其作为人的经历作出的理解，进而试图将那种经历视为上帝位格的新启示，描述将已形成的关于神性存在和人性存在的理念结合起来。我们正在利用一种从属于这种理念逻辑或语法，进一步将表明消失在语法后面的内容。

这种神性位格的生命哪里符合人性？我们可以这样提问。它必须扰乱人性中的什么内容，以便为其自身开辟空间？内在具有这样一种现实存在的人类，如何才能维持其有限人性的平衡？此类问题都暴露了一种神性的理念出于这样那样的原因需要空间，或许因为神圣的存在如此巨大和宏伟，的确需要由天使构成的场所围绕着它，以展示其宏大和力量。但上帝所需要的全部空间就在一个人之中，因为，作

为其自然演进的一部分，所有人类都要面对接受成为人的任
p.105 务，赞同人类的受造。狗和鳄鱼不会面对这样的任务：幽默
作家G.K.切斯特顿（G.K. Chesterton）曾经说过，没有人会拍
拍鳄鱼的背说，“加油！成为一条鳄鱼吧！”上帝的尊严在新
约中不是表现为天使环绕，而是表现为一个人在钉上十字架
前夜独自在客西马尼园（Garden of Gethsemane）中痛苦不堪。
上帝的尊严表现在自觉自愿成为人，听命于他创造的世界。
而这不带干扰和扭曲完全符合我们所有人拥有的人性。上帝
的尊严在于其神圣同意：成为一个受造物，这个同意发现其
所需要的空间在于这个人同意去生去死，这是分配给一个人
的生死。这两种同意结合起来，而这种人性的自觉自愿，如
阿奎那所言，变成了神性的自觉自愿的“喉舌”。人们越读阿
奎那，就越发现这种理念寓于这些表述之中；但有时候，我
们的注意力会从这种理念游离，为其巧妙表述的细节所吸引。

本章前择录的第二段话讨论三位一体，一个上帝中有三重位格，也表现出同样的巧妙，辩称上帝的位格*能够*是三个，但不能多于三个，因为，三接近某种圆形，没有留下其余进展空间。这段话中的论证如此巧妙，以至于其逻辑无须说明，不过，如果巧妙就是此论证的一切，我们会发现它非常空洞。可是，圆只是论证的一种附带现象；这段话确实是对阿奎那所认为的生命本质之核心的沉思，也是对生命的每个层次如何构成的沉思。我认为，它是一个图像，为阿奎那贯彻他的哲学和神学不得不说的一切奠定了基础，就像柏格

森（Bergson）所认为的那样，由一个图像构成的小旋风为每一位伟大哲学家的思想奠定了基础。

因为，阿奎那将每个事物的实在视为一种稳定性，可以 p.106
在持续的世界进程之流中发现它。那种稳定性赢得了暂时的环境支持，它就寓于此环境之中，这个环境本身也必须有某种稳定性寓于一个高大的环境之中。实在（To exist）就是最终获得作为环境的整个宇宙的暂时支持，就是一个“自我”呈现于宇宙的支持之中。但这种从宇宙中接受由一种给予来平衡。自我将其本身贡献给了由其他自我所构成的环境，它帮助塑造世界进程之流，使之具有暂时的秩序。

在劳伦斯（D.H. Lawrenc）的诗“过来人之歌”（The ballad of a man who has come through）中，他让自己成为一个“有翼的礼物”，一只乘风展翼的鸟儿；在随后的诗行中，他将那个形象变成了一把自觉自愿的凿子，为不可见的锤击所用。每个自我都是这宇宙之风有翼的礼物。阿奎那用同样的形象来解释基督教的三位一体学说：子从父不可测度深渊中出来，子又在圣灵的呼气中回到父，圣灵就是一阵神圣的风。他将其比作我们所设想的周围世界，我们复又为那个世界所吸引。我们的起源和终点，就是上帝创造的宇宙；上帝的起源和终点，打个比方说，就是遍布宇宙的父。而在耶稣基督和他作为其头脑的人类之中（这样来表达阿奎那所解读的基督教信仰的核心），这起源和终点合二为一。人类整体，甚至宇宙整体，都变成了上帝不可见的锤击用的凿子。

年 表

p.107 约1225　罗卡塞卡（Roccasecca）城堡，位于北部教宗领地和南部弗雷德里克皇帝的西西里王国之间，罗马和那不勒斯中间，托马斯诞生于此，父亲是泰奥多拉（Theodora），母亲兰都尔夫（Landulf），父亲是阿奎那家族的一位骑士。他们有四个儿子（托马斯排行最小）和五个女儿。

1231—9　5~15岁，早年求学，在卡西诺山本笃会修院做见习修士，修院在罗卡塞卡以南十公里，当时教宗与皇帝的敌对相对平静。

1239—44　15-20岁，在那不勒斯的早期大学学习阶段，在罗卡塞卡以南80公里，这所世俗大学由弗雷德里克于1224年创设，为他培养执政官员。

1244　20岁，忤逆家庭期望，加入1215年建立的多明我修会（布道兄弟会）。他本来逃到了北方，却在奥维托被他的兄长抓住，此地在罗卡塞卡以北150公里处，他被迫回到罗卡塞卡，遭监禁一年左右。

1245—8　获释后，多明我修会遣他到巴黎接受早期修士训练，受闻名遐迩的多明我修会学者、来自德国的大阿尔伯特庇护。

1248—52　他在多明我修会中的第一个职位是作为阿尔伯特的助理修士，后者在科隆（Cologne）建立了一个研究所。

1252—6　由阿尔伯特推荐，遣往巴黎大学教授神学，作为“学士”或博士。在此他一边讲授圣经（旧约《以赛亚书》和《耶利米书》），一边教授当时公认的神学教科书：伦巴多（Peter Lombard）的《箴言录》（*Sententiae/Opinions*）。

1255—9　首次作为教授（master/professor）在巴黎大学教书。当时现任教授中，所有世俗教授都与新建立的托钵修会出身的教授观点相
p.108 左，这些修会有方济各会（the Franciscans）和多明我会。阿奎那这一时期有一部著作为托钵修会辩护，书名为《驳反对者》（*Contra impugnantes*）。这一时期他的大学论辩课程讲义，集结为《关于真理的问题论辩》和《自由论辩》（7-11）。此外，阿奎那还撰写了一部关于波埃修（Boethius）的《论三位一体》（*De Trinitate*）的短论（此人是五世纪的基督教著作家），并开始撰写他的第一部大全——《反异教大全》。

1259—61　返回意大利，去向不明（或许在那不勒斯），继续撰写《反异教

大全》第一卷。

1261—5 擢升为奥维托修院多明我会修士的讲师。完成了四卷《反异教大全》，评注了旧约《约伯记》和新约《保罗书信》。应教宗请求，研究拉丁语和希腊语传统的神学家之差异［《驳希腊人的错误》（*Contra Errores Graecorum*）］，并开始择录汇集这些神学家的福音书评注［《金链：论〈马太福音〉》（*Catena Aurea on Matthew*）］。

1265—8 擢升为罗马多明我修会研究总院教授。开始为这些学生撰写他最伟大的著作《神学大全》，最终取代了当时公认的神学教科书伦巴多《箴言录》。他这一时期的论辩课程讲义集结为《论潜能》（*De Potentia*）、《论灵魂》（*De Anima*）和《论精神性的受造者》（*De Spiritualibus Creaturis*）。在这一时期，他还完成了《金链：论〈马可福音〉〈路加福音〉〈约翰福音〉》（*Catena Aurea on Mark, Luke and John*），撰写了一部《论圣名》（*De Divinis Nominibus*）评注，这部神学著作权威性极高，因为当时归于圣狄奥尼修斯（St Dionysius）（此人是巴黎的保护圣人，他是圣保罗的弟子）。或许他的《神学大纲》（*Compendium Theologiae*），一部为他的秘书撰写的未完成的小著作，也出自这一时期。

1268—72 第二次作为教授在巴黎大学教书时期。在此期间他完成了《神学大全》第二卷的撰写。他的论辩课程讲义集结为《论恶》（*De Malo*）、《论德性》（*De Virtutibus*）和《论言成肉身的合一》（*De Unione Verbi Incarnati*），还有《自由论辩》（1-6，12），他的圣经课程讲义评注了《马太福音》《约翰福音》《保罗书信》。当时巴黎大学文学院为穆斯林亚里士多德评注家阿威罗伊（Ibn Roschd/Averroes）的追随者主宰，阿奎那撰写短论使自己远离 p.109
阿维洛伊主义的解释：《论世界之永恒》（*De aeternitate mundi*）和《论理性统一》（*De unitate intellectus*），并开始了规模巨大的亚里士多德评注。完成了亚里士多德《物理学》和《伦理学》评注，开始了《解释篇》《后分析篇》《政治学》评注。他再次卷入与大学世俗教授关于宗教生活理想的争论，成果是《论精神生活之完善》（*De Perfectione Vitae Spiritualis*）和《反避世》（*Contra Retrahentes*）。

1272—3 阿奎那由巴黎返回，在他自己在那不勒斯的研究所教书。在此评注亚里士多德《形而上学》（完成）、《论天》（未完成）和《论生成》（未完成）。他还评注了归于亚里士多德名下的著作《论原因》（*De Causis*），他是首位确认其为阿拉伯人对新柏拉图主义哲学家普罗克洛斯（Proclus）一部著作的撮要。阿奎那讲授旧约《诗篇》，并继续《神学大全》第三卷的撰写。

1273—4 1273年12月6日前后，阿奎那经历了中风或某种病痛，这让他无法继续工作。尽管如此，他仍应教宗召唤前往出席1274年召开的里昂公会议。路上为下垂的树干所伤，身体状况迅速恶化。1274年5月7日，49岁，他在福萨诺瓦的西多会修院去世，此地距离他的出生地约25公里。

拓展阅读

p.110 两个不可或缺的互联网址，反映了大量可用的阿奎那研究资料。第一个网址是 www.thomisticum.org，包括阿奎那的全部著作的最佳拉丁语版本，此外还有很多内容，包括极佳的搜索工具，称为“托马斯著述索引”(index thomisticus)。尽管大部分是拉丁语文献，这个网址可用英语导航。第二个网址是 bonin/thomas-bibliography，包括所有阿奎那英译本和研究著作的文献目录。

要阅读更多阿奎那本人的著作，要么选择一卷英语选译本，要么专注于《神学大全》。我推荐的选译本如下：

McDermott, T., *Thomas Aquinas: Selected Philosophical Writings* (The World's Classics, Oxford University Press, 1993).（这个选译本严格限于哲学文本，翻译流畅，按主题安排，附有很好的索引）。

McInerny, R., *Thomas Aquinas: Selected Writings* (Penguin Classics, Penguin Books, 1998).（哲学和神学主题选译本，翻译较为生硬，按年代次序编排，无索引）。

如果专注于《神学大全》，那么，我推荐从下列书目开始读起：

McDermott, T., (1989) *St Thomas Aquinas: Summa Theologiae*, a concise translation (Christian Classics, Ave Maria Press, Notre Dame, 1989).（单卷缩印本，页边列有六卷英语/拉丁语对勘本参照，便于读者扩展阅读特殊主题。）无论采用何种阅读策略，最佳途径总是对勘阅读英译本和拉丁语文本（“阿奎那拉丁语文本”可从上文第一个网址下载）。很少或不附拉丁语文本的文献，可在上文第二个网址获取。不通拉丁语的读者无须沮丧：阿奎那的拉丁语非常浅显。与其试图从教科书
p.111 上学拉丁语，何不尝试由其现存文献中学习阿奎那的拉丁语？原文复制本和英译本就在眼前，一边再摆一本中等规模附有拉丁语语法概要的拉丁语词典即可［《口袋牛津拉丁语词典》(*Pocket Oxford Latin Dictionary*) 就属于这类词典］。目前在上文第一个网址的“链接、文本和版本”(nexus interretiales, textus et versiones) 中，提到一个网址 krystal.op.cz/sth/settings.php，容许在电脑屏幕上对照展示完整的《神学大全》拉丁语文本和英译。

最后，推荐几种二手资料：

生平：

Chesterton, G.K., *Saint Thomas Aquinas* (Hodder and Stoughton, 1933).（这本书语言生动并且富有洞见。）

Torrell, J-P., *Saint Thomas Aquinas, vol 1: The Person and his Work* (Catholic

University of America, 1996).（这是最近的生平研究成果。）

Weisheipl, J.A., *Friar Thomas d' Aquino. His Life, Thought and Works* (Catholic University of America, 1983).（这是从前最好的英语生平研究著作。）

研究著作：

Davies, B., *The Thought of Thomas Aquinas* (Clarendon Press, 1992).（可靠的哲学和神学导论。）

Kerr, F., *After Aquinas, Versions of Thomism* (Blackwell Publishing, 2002).（深入讨论了阿奎那是否能够免于其哲学和神学解释者的曲解。）

Kretzmann, N. & Stump, E. (eds.), *The Cambridge Companion to the Philosophy of Aquinas* (Cambridge University Press, 1993).（主题论文集，体量不平衡，仅限哲学主题。）

前两种附有很好的指引进一步阅读的参考文献。

索　引

（原书页码）

图书在版编目(CIP)数据

如何阅读阿奎那 / （意） 蒂莫西·麦克德莫特(Timothy McDermott) 著；黄瑞成译. -- 重庆：重庆大学出版社, 2022.12
（大家读经典）
书名原文: How to Read Aquinas
ISBN 978-7-5689-3586-9

Ⅰ. ①如… Ⅱ. ①麦… ②黄… Ⅲ. ①托马斯·阿奎那(Thomas, Aquinas, Saint 1225–1274)—哲学思想—思想评论 Ⅳ. ①B503.21

中国版本图书馆CIP数据核字(2022)第200490号

如何阅读阿奎那

RUHE YUEDU AKUINA

蒂莫西·麦克德莫特(Timothy McDermott) 著
黄瑞成 译

策划编辑：姚 颖
责任编辑：姚 颖
责任校对：关德强
装帧设计：Moo Design
责任印制：张 策

重庆大学出版社出版发行
出版人：饶帮华
社址：（401331）重庆市沙坪坝区大学城西路21号
网址：http://www.cqup.com.cn
印刷：重庆市正前方彩色印刷有限公司

开本：890mm × 1240mm 1/32 印张：6.375 字数：130千
2022年12月第1版 2022年12月第1次印刷
ISBN 978-7-5689-3586-9 定价：52.00元

版贸核渝字(2021)第096号